満洲・間島における日本人

―満洲事変以前の日本語教育と関連して―

The Japanese in Kando: Japanese Language Education in Manchuria prior to Manchurian Incident

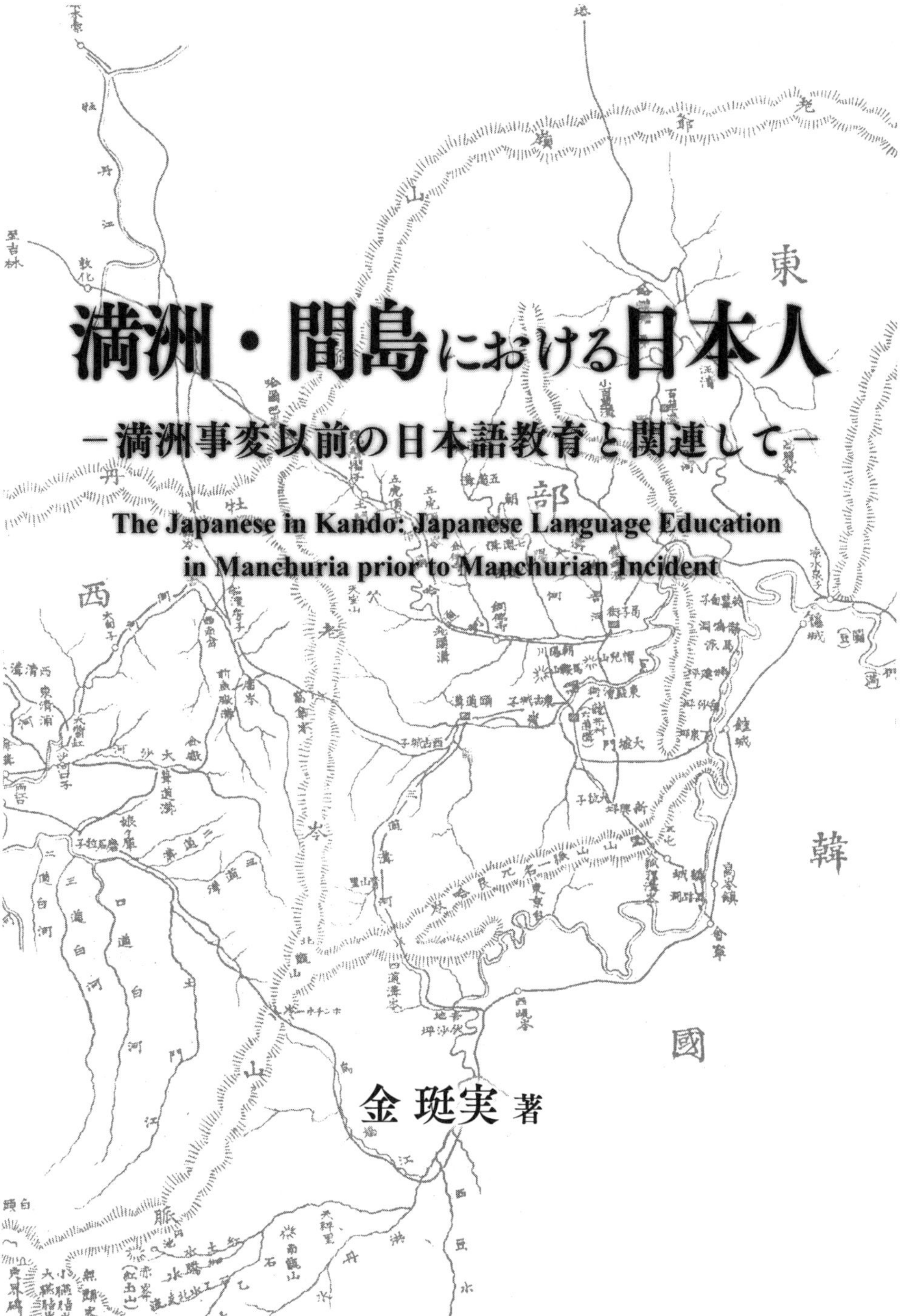

金斑実 著

間島関係写真資料

龍井村全景

「龍井」という地名の由来となった井戸

韓国統監府臨時間島派出所庁舎と派出所員

派出所設置当初の仮事務所と
斎藤所長

間島総領事館

瑞甸書塾

「ハーグ密使事件」左から李儁、李相卨、李瑋鐘

間島普通学校生徒の学習

間島普通学校開校式

延辺朝鮮族自治州档案館

延辺朝鮮族自治州档案館所蔵『間島新報』

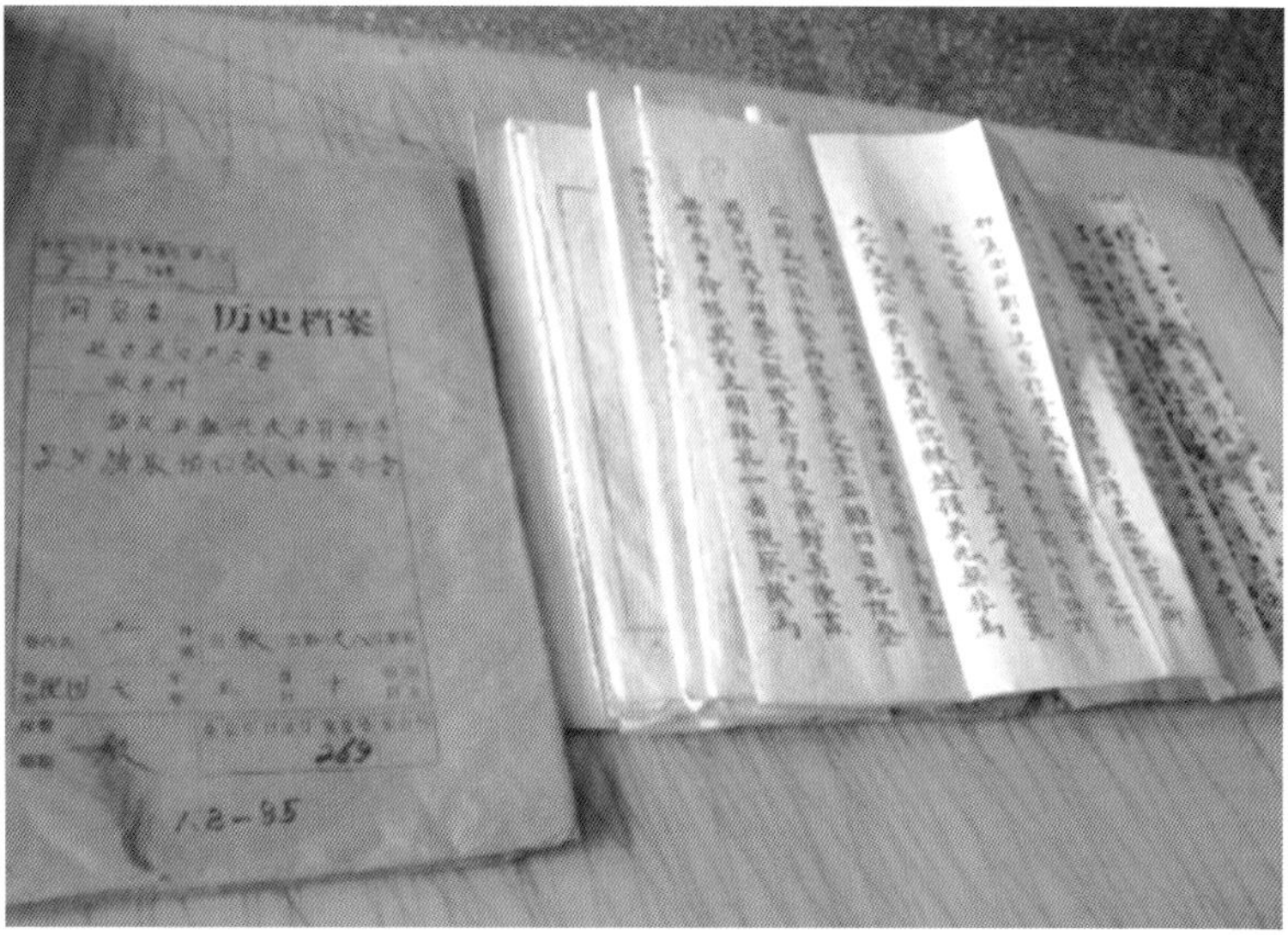

延辺朝鮮族自治州档案館所蔵『7-7-345档案』

（出所：篠田治策編著『統監府臨時間島派出所紀要』亜細亜文化社
1984年及び筆者の撮影によるものである。）

目次

序章　日本人にとっての間島とは

一．疑問のはじまり

筆者が「中国朝鮮族の日本語教育の歴史」を研究課題として最初に延辺朝鮮族自治州を訪れたのは二〇〇〇年代の初め頃である。当時もまだ満洲時代の建物が多く残されていた。その中、筆者の視線に最も強く食い入ったのが間島日本領事館の建物であった。

一九〇七年に日本は清国政府の強い抗議を押し切って朝鮮人の「保護」を名目として龍井村に韓国統監府臨時間島派出所を設置した。それ以来、憲兵を配置し、戸籍の調査、間島郵便局、間島普通学校の開設など、龍井村を中心に間島経営が着々と進められた。一九〇九年九月四日に清国が日本の安奉線改築を認める代わりに間島を領有化するという「間島に関する協約」（間島協約）を清国と日本の間で結んだ。この協約第二第七条の規定によって、同年十一月一日統監府臨時間島派出所を廃止し、間島日本領事館を新設し、十一月二日に開館した。当初の建物は一九二二年十一月二十七日に火事で焼失してしまい、現在残っている建物は一九二六年に新しく建てられたものである。

間島日本領事館は日本外務大臣の直轄機関として、その管区は延吉県、和龍県、琿春県、汪清県、安図県の五つの県であった。また支配を確保するため、一九二〇年朝鮮総督府から三〇〇余名の警察を招き、領事館敷地内に警察署を増設した。一九三七年十一月五日に日本と満洲国が結んだ「満洲国の治外法権の撤去と南満鉄道株式会社附属地行政権条約」の規定により、同年十二月間島日本領事館と四つの領事分館や警察機構は撤去された。それから領事館建築物は終戦まで関東軍駐間島司令部になり、後の中華人民共和国設立とともに、延吉県人民政府庁舎として機能し、その後は龍井市人民政府庁舎として使われていた。

いかにも支配者然としたこの建物に筆者は威圧感を覚えると同時にその建物での中で何が協議され、どんな政策が練られてきたのかに大きな関心を持った。また、戦前の間島領事館の建物が龍井市人民政府の庁舎として利用されるようになったのかも大きな興味があった。まず統監府間島臨時派出所を設置し、次に間島日本領事館をしてから、領事館が主役となって警察署を設置しただけでなく、日本人居留会、東洋拓殖株式会社間島支店、龍井金融部、光明会、学校なども設置した。勿論、組織ということで多くの日本人が関わってきた。

本書では、間島の政策に関わった人、教育に関わった人、宗教に関わった人、メディアに関わった人など事例研究として分析を行い、彼等個々人の動向の中から、間島に関わった日本人像を抽出しようとするものである。

二．日本人にとって満洲・間島とは何だったのか

「日本人にとって満洲とは何だったのか」「日本人にとって間島とは何だったのか」、こうした問いはこれまであまり問われないままに、満洲・間島という場所が政治史的に、軍事史的に、そして近代史、昭和史の一齣として論じ続けられてきた。

また、日本で地名として「満洲」が使われたのは十八世紀の末から十九世紀のはじめ頃であるとされる[1]。歴史を遡ってみると、長い間、日本人にとっては、満洲は何の意味もなく、イメージを持つものではなかった。せいぜい古代の渤海国の故地であり、北海道のアイヌ民族が対岸の沿海州の人々と貿易を行ったと認識されている程度で、日本との関わりが特別に問題視されるようなことはなかったのである。

しかし、幕末・明治維新期となって、ロシアの攻勢を脅威とみなし、ようやくこの地域が日本人にも注目される

ようになった。それは、つまり、清朝を建てた満洲人の故郷の地であり、一時期に日本帝国主義によって占領された地域であり、満洲国を作られた場所であると一言で言えるようになった過程の始まりであった。

一八五三年、黒船来航は日本の鎖国体制の安眠を貪り、開国騒動を巻き起こしたため、北方からの来航の恐怖から俄かに北方の探検や守備が問題視され、樺太、沿海州、そして満洲の地域が日本人の関心領域に入り込んできたのである。

明治維新を経て、急速に近代的軍事国家を形成した日本は、やがて対外膨張へと向かいはじめ朝鮮半島、次いで中国東北地方に勢力拡大をうかがうことになる。そして二十世紀の初頭、日本とロシアの勢力衝突が起こり、日本のいう「満洲」が示す範囲は、およそ現在の中国東北地域となっていた。

ちなみに、日本とロシアの二大勢力が影響力を浸透させるなかで、清朝政府は一九〇七年、従来の盛京、吉林、黒龍江各将軍に替えて、東三省総督のポストを新設、各省には巡撫を置いた。この制度改革により、東三省を行政的にもひとつの広域地方として把握する方向性を示した。「中国東北」という空間が誕生するのも、それ以降のことであるという[二]。

では、今の延辺朝鮮族自治州とほぼ重なる地域で、中国吉林省東南部に位置し、朝鮮半島と国境を接する地域である間島での状況を見よう。間島は明確な区画を指す厳格な地名ではなく、従来朝鮮人と日本人が延辺一帯を間島と呼んできたのである。その一方、延辺は中国側によって使用され、清国末期の延吉府の辺境という意味で、ほぼ延吉、和龍、汪清、琿春の四県を含んでいる[三]。

間島は朝鮮半島との国境を接する地域であるため、間島の帰属を巡って清国と朝鮮[四]の間で争いが絶えなかった。一八八五年九月から十一月まで乙酉勘界談判、一八八七年三月から四月まで丁亥勘界談判が行われたが、国境を定めるには至らなかった。韓国政府は間島朝鮮人から保護要求の請願を受けることがしばしばあったため、一九〇二年五月に李範允を「北間島視察使」に任命し、間島に派遣して朝鮮人を管理させた。清国は一八八五年、図們江の北部を開墾区として招墾局を設置し、朝鮮移民の事務を兼務させて「墾荒社」を設立した。また、局子街には一九〇三年に清国の間島統治の中心である延吉庁を設置し、間島の地方行政を改善し始めた[五]。

日本とロシアは朝鮮・満洲をめぐって対立を深め、一九〇四年二月に日露戦争に突入した。一九〇五年十一月に日本が乙巳保護条約を韓国に調印させたため、韓国の外交権は日本外務省が掌握することになった。また、日露戦争によって朝鮮と満洲を結ぶ位置にある間島の重要性が増し、さらに朝鮮半島をその支配下においた結果、間島は満洲進出の要地として認識されるようになった。これにより、日本は間島を朝鮮領土の延長だと主張し、一九〇七年に龍井村に日本の間島進出の拠点となる韓国統監府臨時間島派出所を設置した。

一方、清国は局子街に吉林辺務公署を設置し、派出所の活動に対抗しようとした。東三省では一九〇七年に盛京将軍・吉林将軍・黒龍江将軍に代わって総督巡撫制に移行するなど、この地方に対する支配を強化しようとしていた。

一九〇九年九月四日、清国が日本の安奉線改築を認める代わりに間島を領有化するという「間島ニ関スル協約」を清国と日本の間で結んだ。日本は派出所を撤収した後に、日本の間島総領事館を開設した。それ以後、日本と中国は間島を舞台に利権をかけて覇を争うことになる。

三．研究目的

筆者の変わらぬ研究上の関心は、「満洲・間島と日本人」というテーマにある。このようにいうと、さして目新しいテーマではないとの指摘を受けるかもしれない。なぜなら、このようなテーマに関する研究は、これまでに多くあるからである。しかし、それは中国や韓国も革命的思想や行動への日本人の関与という近代中国と日本人、或いは近代韓国と日本人の関係の一面を追究したに過ぎない。そのため、間島という一つの地域の様々な分野に関わった日本人を纏めて取り上げようとするのが**本書**の狙いでもある。

本研究は、満洲・間島の日本語教育と関連してこの地域に関わった日本人を取り上げ、誰が、どうして、どのように、どういうことをしたかという事実を明らかにするものである。この人たちは悪いことばかり行った、間島ひいては満洲侵略に協力した、或いは非協力的な立場を取った、という白黒を判定しようとするものではない。事実を記述するのが目的で、事実だけの究明に十分に意味をもつものだと思われるからである。勿論、歴史的事実がわれわれにとってどういう意味を持つかも深く吟味していく必要がある[六]と思われるが、それは関しては今後の課題とさせて頂きたい。

一　中見立夫「歴史のなかの〝満洲〟像」『「満洲」とは何だったのか』藤原書店　二〇〇六年　23－24頁
二　同前　17－23頁
三　朴州信著『間島韓人の民族教育運動史』亜細亜文化社　二〇〇〇年　4頁
四　朝鮮は一八七六年二月の江華条約締結当時、清国の宗主権の下にあったが、一八八七年十月国号制を採用し、「大韓帝国」と称した。本書では原則として大韓帝国の政権を指す場合は韓国と表記し、地域、民族などについては朝鮮と表記する。
五　統監府臨時間島派出所『間島派出所概況報告書』『朝鮮統治史料』一巻に所収　19－37頁
六　李相哲著『満洲における日本人経営新聞の歴史』凱風社　二〇〇〇年五月　9－10頁

第一章　斎藤季治郎【政策・教育】

一．はじめに

斎藤季治郎（さいとう・すえじろう）は、日露戦争中は第三軍参謀で旅順陥落後は主として軍政並に兵站部方面のことを従事し、一九〇六年朝鮮駐屯軍参謀となり、翌年大佐に進み統監府勤務を兼ね、一九〇八年統監府間島出張所長に転じ、間島問題のために縦横の手腕を揮ったという[一]。しかし、それ以前と以後の活動も確認できるように、東亜同文会『対支回顧録』[二]に記述されている斎藤季治郎の略歴を見よう。

斎藤季治郎（陸軍中将、杭州武備学堂[三]教官）

慶応三年七月泉州堺に生れる。家は同市の木綿問屋であったが、家業を厭って夙に軍人を志望し、明治十六年陸軍幼年学校に入り、次いで士官学校を卒へ、二十二年歩兵少尉に任ぜられた。二十五年陸軍大学校に入り、在学中日清戦役に会し、第四師団に属して出征、戦後再び陸軍大学校に復帰し、三十年之を卒業した。三十二年支那政府に招聘され杭州武備学堂の教官となったが日露役の起るに及び帰朝して第三軍に属し出征、次いで第三軍参謀に転じ旅順攻囲戦に参加し、二〇三高地奪取の計を進言して遂に旅順攻陥の目的を遂げるに至らしめた。旅順陥落後は主として軍政並に兵站部方面のことに従い、陣中で中佐に進み戦後功四級金鵄勲章を授けられた。

三十九年朝鮮駐屯軍参謀となり、翌年大佐に進み統監府勤務を兼ね、四十一年統監府間島出張所長に転じ、間島問題の為に縦横の手腕を揮った。当時同方面の情勢は頗る複雑且つ重要なるものがあったが、彼は大胆果敢な軍人の本色を発揮し、グングン所信を強行するという遣り方で折衝に任じ、大に事功を挙げたのであった。四十三年近衛師団司令部附に転じ、後欧州、西伯利亜等に派遣され、大正三年少将に進み、翌四年支那駐屯軍司令官に補せられ、次いで北京公使館附武官を命ぜられ、欧州大戦中に於ける日支共同防敵軍事協定を成立せしめた。支那在勤中に中将に進み、大正八年帰朝して第十一師団長に補せられ、翌年西伯利亜に出征し、十二年浦潮に駐兵中病に患って同年二月二十六日同地に歿した。享年五十五。特旨を以て従三位に叙し勲一等旭日大綬賞を授けられた。

これから分かるように、彼は錚々たる経歴の持ち主であることが確認できた。本章では、彼の間島時代を中心に置きつつ、生い立ちから死去までの各時代を言及する。以下では彼の履歴に沿って深く探ってみよう。

二．浙江武備学堂時代

清国は阿片戦争及び第二次阿片戦争によって、洋式武器・新式軍事施設の必要を感じ、富国強兵として「洋務運動」を行った。洋務官僚は一連の運動の中で、軍事学校の設立に力を入れた。海軍、陸軍、海・陸軍共通の近代学校を設立するが、本格的になるのは日清戦争以後になる。海軍では一八六六年に左宗堂によって設立された福建船政学堂、一八八〇年に李鴻章によって設立された天津水師学堂であり、陸軍では一八八五年に李鴻章によって設立された天津武備学堂、一八九五年に張之洞によって設立された湖北武備学堂で、海・陸共通では一八八七年に張之洞によって設立された広東水陸学堂である。

こういう流れの中で一八九七年四月に浙江巡撫廖寿豊は浙江武備学堂（一九〇七年を持って閉鎖、これに代って陸軍小学堂が設立される）を設立し、日本人教習を招聘して日本士官学校と同じように教育を行った。この学堂に斎藤季治郎が日本人教習として招かれたのである。

斎藤季治郎がいつ赴任したのかは明らかではないが、一八九七年十二月十三日に卒業したことから、おそらく九八年、遅くとも九九年初めだろうと予測される。一八九九年七月の日付で「清国軍幹部教育に関する意見」が斎藤のよって執筆された。また、一九〇一年には二年近い学堂教育の実績を基に作成した「軍備整頓に関する意見書」[四]を当時の浙江巡撫である任道鎔に提出した。そこで、軍人養成の学校を作ることを、浙江武備学堂の斎藤季治郎が浙江巡撫である任道鎔に提案したのである。また、そのためには校舎だけでなく、団体行動のための演習場或いは練兵場が必要になり、それにあわせて「蓋し目前の需要に止めず、永久の計画を定め、以て全省軍隊の士気上に、一大刷新を計るは、実に当時の急務なりと信ず」と提案したのである。

教師としては、「当地武備学堂ニハ之迄教師トシテ本邦陸軍大尉一名、特務曹長一名及曹長二名合計四名傭兵セラレ居」ることから四名いたことがわかる。おそらく、総教習の斎藤季治郎、その下に三宅縫三、高木朝雄、松島良吉らの総教団が作られていただろう。

教科目について一九〇四年の内容をみると、倫理、歴史、地理。物理、化学、算数、歩兵操典、兵卒須知、画学、日文、漢文、戦術、兵器、築城、地形、美学などと記されている。しかし、「学生の程度は、若干、支那固有文字に通ずると言ふに過ぎず、為めに教育上困難なり」と教授用語の違いによって高等な科目を設けても、それが言語能力によって学生に伝わったかどうかが問題であった。

一九〇三年三月十日に参謀本部次長田村怡与造宛てに「武備学堂総辨伍元芝ヨリ学堂附属隊用トシテ左記品目約二百宛」購求を求めたとの連絡をした。しかし、一九〇四年三月の日露戦争勃発に際し、総教習の斎藤少佐が帰国してしまい、その後、三宅少尉が代行として、経営概述を記録[五]していたが、内容は次の通りである。

当学堂は、昨年に於て速成の一科を新設し、外に正科学生三班合計四個の教育班となり、新に歩兵大尉壱名を招聘すべき予定なりも、日露事件破裂の為め、其目的を達する能はざるのみならず、却て斎藤少佐は召還せられ、折角拡張したる事業に大障害を来し、爾後、教育維持策に汲々として、漸く不完全なる教育を維持しつつあり。

と日露戦争の勃発及び斎藤の不在によって学堂が不振に陥ったことがわかる。

日本人教習として招かれた斎藤季治郎は教育だけでなく、陸地測量等の情報収集活動も行った。一八八八年参謀本部陸地測量部が発足し内務省、陸軍省で行われていた測量業務はすべて陸地測量部に統一した。国内のみならず朝鮮半島、台湾、中国大陸などの外地の測量も偵察を兼ねて行っており、日清、日露戦争をはさんで多数の地図「外邦図」が作成された。また陸地測量部だけでなく、戦時中の現地の部隊による測量や作戦図、戦時中に敵軍から入手した地図や現地の行政機関の土地調査事業による地籍図などが活用された。一八九四年八月、朝鮮での日本、清国の衝突が拡大し日清戦争が開戦された。陸地測量部では「秘密圖取扱規定」が定められ、同年十月に陸地測量部長工兵大佐藤井包聡（ふじい・かねすけ　一八五〇－一九二五）の提案により、臨時測図部が編成され翌年二月には三〇〇人ほどが戦地へ出発し清国内の占領地を測量していたが、こういう流れの中で、斎藤季治郎が浙江において、陸地測量活動を行ったのである。彼は一九〇二年七月に清国測図経費を陸地測量部長藤井包総に要請し、許可がおりた。こういう活動から斎藤季治郎は一九〇四年五月十四日に勲労賞を授与されている。

三．日露戦争時代

一九〇四年三月十一日に韓国駐劄軍司令部及び隷属部隊の編制を宣伝し、三月十一日及び二十一日清国応聘将校斎藤季治郎など三名を解約帰朝させるために参謀総長より帰還命令を発した。一九〇四年三月に解傭帰朝して大本営に合流し、一九〇四年四月十八日に満洲軍政委員となり、大本営陸軍幕僚満洲軍政委員として一九〇四年四月十九日に大本営に到着した。斎藤は日露戦争で乃木の指揮の下で、ロシアと武器を持って戦っただけではなく、ロシアの将軍「バラショフ」と病院の砲撃の件について会談に臨んだ。参謀として斎藤はこの乃木からの書簡[六]を持って、十二月十六日午後一時四十五分に法学博士有賀長雄、陸軍通訳河津敬次郎と一緒にロシアの将軍「バラショフ」及び参謀少尉「マルチェンフ」と三里橋東方旅順街道東側一小支那家屋内で英語による会見を行い、最終的には和気藹々会見を終えたとされる。

九月一日、ポーツマスにおいて休戦議定書が調印され、十六日に全軍に休戦命令が発された。さらに十月十六日には平和克復の運びとなり、すべての敵対行動が中止された。その後満州軍の凱旋計画が立てられ、諸軍は順次凱旋の途につくことになる。

一九〇六年に四月に第三軍指令官だった乃木希典と参謀総長児玉源太郎より凱旋観兵式貴軍参謀に指定された。晴天に恵まれたこの日の観兵式には、満洲各地で戦った三万一千余人の兵士たちが参列した。三十分ほどで閲兵式がすむと、引き続き天皇は各部隊の分列行進をみて、さらに元司令官の大山巌や参謀総長の児玉源太郎をはじめとする諸指揮官を召して、陸軍の誉れを称える勅語を下賜した。観兵式終了後、各部隊は皇居を一周する凱旋行軍を行い、人々の歓呼に応えた。

ここで付言しておけば、司馬遼太郎の長編歴史小説『坂の上の雲』にも本主人公の名が挙げられている。

四．韓国統監府時代

同年の一九〇六年に朝鮮駐屯軍参謀となり、一九〇七年に大佐に進み統監府勤務を兼ね、一九〇八年に統監府間島出張所長に転じ、「間島問題」の解決に手腕を発揮する。

まず、次の秘密文書[七]をみよう。

日旅順軍政署

韓国駐箚軍指令部　指令官大将　長谷川好道　参謀歩中佐　斎藤季治郎

明治三十八年重要職員表　堀内副官用（秘）

ここで韓国駐箚軍という言葉が出てくるので、それについて理解する必要がある。一八八三年に日本公使館の守備隊として朝鮮半島に駐屯して以来、一八九六年に日本軍は韓国駐箚隊、一九〇四年に韓国駐箚軍、一九一〇年の韓国併合に伴い朝鮮駐箚軍と称し、一九一八年に朝鮮軍となった。司令部は当初漢城の城内に置かれたが、一九〇八年十月一日に郊外の京城府龍山（現・ソウル特別市龍山区）に移転し、翌日から事務を開始した。一九四五年二月、戦況逼迫に伴い第十七方面軍が設けられ朝鮮軍は廃止されたため、管轄区域の朝鮮軍管区は第十七方面軍司令部が兼ねた朝鮮軍管区司令部が管轄した。このように、状況に応じてその名称を変えながら朝鮮半島に駐屯したが、このような日本軍の駐屯は大韓帝国を日本の植民地に編入する過程において重要な前提となった。

日露戦争以後、韓国の外交権を日本外務省が掌握するようになるが、間島の重要性を認識した日本は「朝鮮延長主義」という政策の下で、清国の強い抗議を押し切って、間島朝鮮人の「保護」を名目として統監府臨時間島派出所を設置するが、これに本章の主人公が多く関わってくる。

その流れ及び役割については、「伊藤統監ハ帝国政府ト協議シ間島ノ所属問題ハ別問題トシテ在留韓人ノ保護ハ一日モ等閑ニ附スヘカラサルヲ以テ帝国官憲ヲ間島ニ派駐シ之ニ韓国官吏ヲ附属セシメ韓人保護ノ実ヲ挙クルニ決定シ陸軍歩兵中佐斎藤季治郎ニ統監府間島派出所長ヲ属託シ派遣員ノ編成ニ着手セシメタリ而シテ明治三十九年末ヨリ翌四十年一月ニ至リ人員モ略ホ内定シタルニヨリ同年二月一日ヨリ創設事務所ヲ東京ニ開キテ秘密ニ諸般ノ準備ニ着手シ同日右内定セル人員ニ対シ統監府ヨリ統監府派出所創設事務ヲ属託セラレタリ」[八]。その後、「間島問題に従事せんことを約束して以来、東奔西走先ず職員編成に従事した。大体の人選を終りて更に事務の分担を定め、私は総務部長として事務を統一し、兼ねて間島問題を歴史的法律的に研究に、また清国官憲と折衝することとなった。其他文学士鈴木信太郎君は専ら歴史的研究に、小川琢治君は（現理学博士京大教授）地質鉱山の調査に、農学士八田吉平は産業方面の調査及び指導に、楠野俊成君は一般行政事務に……統監及び軍司令官と打合の為め、斎藤中佐と我等二三人は先発して、明治四十年二月京城に入った」[九]と篠田治策が述べている。その後、間島調査に出かけるが、次の史料をみよう。

間島の内踏査
日露協商の成立に至るまで間島に進入するを延期したる為、此時機を利用して間島の実地踏査を為さんと決し統監の認許を得て斎藤所長篠田属託の二名は明治四十年四月七日京城を発し四月十八日会寧より間島に入り、東盛湧局子街銅佛寺天宝山頭道溝等の地を踏査し四月二十九日鍾城に出て、帰京せり踏査の目的は間島一班の状態及将来設置せんとする統監府派出所の位置等に関し概括的の観察をなすにありき従来間島の実状に関しては二三視察者の報告ありしと雖も極めて明確を欠き諸般の計画をなすの基礎となすに足らさりしか此実地踏査により大に発明するところあり

以上のように、観察を持って当時間島一般の状態を把握した上で、派出所設立の位置と将来の施設に関する意見書を統監に提出した。その中、

統監府派出所の権限に関して、
一、韓国政府より間島仮定区域内の韓国人民を統括する一切の権を委任せしむること
二、緊急の事変に際しやむを得さる場合には最近の帝国守備隊に出兵を請求し得ること
在間島官憲に対する件
間島は韓国の領土なることを前提として事に当ること

であった。つまり、間島が韓国領土であることという、結論ありきの調査研究であった。

しかし、日本は一九〇九年九月に「間島協約」を清国と結ぶ。この協約で、日本は間島の領土を清国のものとして承認する代わりに、「日本の満洲経営」について清国の同意を取り付けた。日本とロシアは更に接近して、一九一〇年七月四日には、満洲の現状維持と協約に基づく日露境界線内の既得権益の相互尊重、権益侵害に対する共同行動、「日本の韓国併合の承認」などを定めた『第二次日露協約』に調印している。第二次日露協約は、駐露

日本大使の本野一郎とロシア外相のイズヴォルスキーとの間で結ばれた。「表面は清国官憲の横暴と馬賊不逞輩の凌虐により、多数の在住韓民を保護し、裏面には間島問題を韓国の為に有利に解決すべく試」みたが、「二年余に亘り大なる希望を以て活動したる我等には実に忍び難き苦痛であった」と篠田治策が回顧（一〇）している。ここでいう「苦痛」に対する慰めであるかのように、「日本国陸軍大佐勳三等斎藤季治郎、特陞敍勳二等：統監府秘書官篠田治策、特敍勳三等：統監府事務官鈴木信太郎、特敍勳三等：各賜八卦章。」の勲章が授与された（一一）。

斎藤季治郎は、領土問題だけでなく、教育にも深く関わっていた。派出所は「韓清国境問題確定ニ至ル迄ハ間島内ノ韓国臣民ニ対シテハ、在清帝国領事ト同一権能ヲ以テ之ヲ保護スル」（一二）と主張し、間島の開発に乗り出した。その詳細については次章を参照されたいが、簡単にまとめると以下になる。

間島に侵入してきた日本も朝鮮人教育に手を延ばすようになった。韓国統監府臨時間島派出所の斎藤季治郎所長は朝鮮人私立学校である瑞甸書塾の回収に失敗したが、一九〇八年一月に学部と協議し、一九〇八年七月一日には間島普通学校を開設するに至った。「朝鮮延長主義」の下で「普通教育令」に沿って植民地教育を始めたが、日本語は準国語として教えていた。また、韓国学部の「私立学校規則」にそって「間島私立学校ニ関スル内規」を発布し、学部編纂の教科書を贈与したり、教員講習会を開いたりするなどの後援活動をして朝鮮人私立学校を統制しようとしたのである。

五．その後

先述したように、一九〇九年九月四日、「間島協約」の成立により、間島は正式に中国の領土として認められた。従来間島が朝鮮の領土であるとの前提の下で設けられていた日本の統監府間島派出所は十一月二日に撤退することになった。その代わり、かつての間島派出所の任務と役割を受け継ぐ形で、間島には総領事館を始め四ヶ所に領事館分館が設置された。すなわち、日本は間島協約第二条の規定により、形式上外国たる間島に外交使節を派遣することになり、十一月三日、龍井村の総領事館をはじめ、局子街、頭道溝、百草溝の各開放地に総領事館分館を開設することになったのである。日本の間島領事館の開設に当たって朝鮮人に対する法的根拠は保護条約で、同条約では海外における朝鮮人の保護には日本人があたることになっていた。間島派出所が担当していた「間島地方における教育、衛生業務の続行及び臨時緊急を要する事務の処理」を間島協約後、非公式に統監府が引き継ぐことになった[一三]。

このような状況で、十月二十四日、総領事が入間することになるが、十一月六日に永瀧久吉領事は間島普通学校名誉校長として着任した。その後の「日韓併合」の結果、日本が朝鮮に対して外交のみならず内政まで完全に支配することになった。つまり、総督府が朝鮮統治に関する最高機関として位置することになった。その結果、在外朝鮮人統治に関しても一定の影響力をもつことになった。従って日本の間島政策は外務省単独ではなく、総督府との密接な関連の下で行われることになる。

本章の主人公である斎藤季治郎については、その後の一九一〇年に近衛師団司令部付となった。一九一一年四月十九日に北満洲及び露領浦塩方面へ差遣の訓令を受け、朝鮮総督府、満鉄、各領事館から調査上必要な人員の補助を受け、四月二十一日に東京を出発した。その前に京城で総督府と満鉄派遣員を集合し、咸鏡南道、北道に到り、朝鮮人の露清両国に移住する原因等に関して研究し、間島、敦化、額穆索、吉林、長春、哈爾賓、ウラジオストック、ノヴォキエフスク、琿春、慶興、雄基を経て七月二十二日に京城に帰着し総督府に通報した上で帰京した。その後、彼は膨大な調査復命書を残し、現在も外務省外交史料館に保存されている。彼が受けた調査項目は、

一、露清両国ノ地方行政及警備ニ関スル件
二、住民ノ状態特ニ該地方ニ於ケル朝鮮人ノ状態及将来ニ対スル処分法
三、通商及生産物ノ景況
四、会寧ヨリ吉林ニ至ル鉄道線路ニ関シ該鉄道ノ軍事及経済上ニ関スル研究並ニ東清鉄道及南満鉄道ニ及ホス影響

であった。しかし、朝鮮人の状況視察が最大眼目だったことは言うまでもない。

この調査後一九一四年に少将、欧州大戦中に日華共同防敵軍事協定を成立させ、中将に進む。シベリアに出兵し、ウラジオストック駐兵中病を得て一九二三年二月二十六日になくなった。その二年前の一九二一年二月二十六に「日本勲一等旭日大綬章」を受章した。

六．おわりに

以上のように、浙江武備学堂時代から間島に関わった時代の斎藤季治郎について述べたが、その時期は東北アジアの激動期であり、特に日本、中国、韓国、露西亜の領土問題における利害関係の消長がめまぐるしく変わっていた時期であった。その中、斎藤季治郎は軍部の対満・対清政策に軍人として一生を通して日本が有利になるように対応してきたと思われる。その中、中国・朝鮮の係争地である間島の政策においても彼はこれまでの経験を活かし、智恵を絞って日本に利益をもたらすように動いたに違いない。

また、彼は「間島ニ於ケル普通教育ノ嚆矢」として、間島教育に関わっているが、それは、既存していた近代的学校である「瑞甸書塾」を破壊した上での「嚆矢」をあったことを忘れてはいけない。

一　吉村道男「日露戦争後における北満州・沿海州視察報告の特質－特に斎藤季治郎大佐の報告書をめぐって」（日本政治経済史学研究所創立二〇周年記念論叢）『政治経済史学』（二〇〇）一九八三年三月　129－140頁
二　東亜同文会編『対支回顧録』下　原書房　一九六八年六月　626頁
三　浙江武備学堂教官が正しい。
四　四街道市史編纂委員会『四街道市史　兵事編中巻』四街道市　一九八一年　87－91頁
五　同前　93－94頁

六　「十二月十六日乃木将軍よりステッセル将軍閣下宛」防衛省防衛研究所「海軍省－日露－M37-559」
七　「韓国駐留軍重要職員表」防衛省防衛研究所「参謀本部－日露戦役－M38-8-157」
八　篠田治策編著『統監府臨時間島派出所紀要』亜細亜文化社　一九八四年　47頁
九　篠田治策『間島問題の回顧』一九三〇年　5頁
一〇　同前　2頁と51頁
一一　純宗　四巻、三年（一九一〇庚戌／大韓隆熙）四年）二月十六日（陽暦）二番目の記事（日本）／人事管理
一二　篠田治策編著『統監府臨時間島派出所紀要』亜細亜文化社　一九八四年　49頁
一三　朝鮮総督府『施政二十五年史』一九三五年　232－233頁

第二章　鈴木信太郎【政策・教育】

一．はじめに

本章の主人公である鈴木信太郎と同時代に同姓同名で生き、東京帝国大学卒業生の者は三名いる[一]が、本章の主人公で、韓国統監府臨時間島派出所の事務官と普通学校の名誉校長を担当した人物である鈴木信太郎は、一八七四年（明治七年）生まれ、東京帝国大学を卒業して一九〇四年から一九〇六年の間に京師大学堂[二]で日本語と地理を教えていた。所謂「日本人教習」になっていた。ここでは、鈴木信太郎の間島政策・教育への関わりだけでなく、京師大学堂での日本語教育歴、その以前に清朝末期の女性革命家であり、詩人である秋瑾との関わり、京都帝国大学の書記官歴、弘前高等学校の校長歴などにも触れながら彼の一生を追いたいと思う。

二．北京時代

まず、鈴木信太郎が日本人教習になった背景に触れよう。一八九五年の甲午戦争の敗北により、恭親王や李鴻章らが推進した洋務運動の失敗が宣告され、人々は政治、教育の改革を経て勃興した「東夷の小国」日本に目を向けるようになった。一八九七年三月、嘗て朝廷に「請推広学校摺」を上奏し、京師大学堂の創設を提案した刑部左侍郎李端の建議により、一八六二年設立の京師と一八六四年設立の広州の同文館における東文館の増設は、中国での本格的な日本語教育の始まりを示している。また、一年後には「東文学堂」と言われる様々な日本語学校が時代の需要に応じて続々と出現した。後には、また「欽定学堂章程」や「奏定学堂章程」等の新学校制度の公布によって大勢の日本人教習が中国に押し寄せた。彼等の手によって中国本土における日本語教育が一気に盛況を呈することになる[三]。

二〇世紀初頭には多くの日本人が学務顧問或は教師として中国に招かれ、各分野で活躍した。彼等は「日本人教習」或は「日本教習」と呼ばれ、一時は数百人を超える盛況ぶりであった。教習の中には服部宇之吉、渡辺龍聖、吉野作造、藤田豊八、松本亀次郎、川島浪速、長谷川辰之助（二葉亭四迷）、戸野美知恵などのように、その後各方面で活動した人物も少なくない。当時このように多数の日本人教習が招かれたのは、中国が「日本モデル」の教育の近代化を志し、その事業を補佐する人材を日本に求めたことに由来する[四]。

つまり、鈴木信太郎も中国の近代化教育の建設過程で一定の役割を果たしたのであろう。またここで、言及すべきことは鈴木信太郎と清朝末期の女性革命家あり、詩人である秋瑾（一八七五年十一月八日－一九〇七年七月十五日）とのつながりである。永田によれば、鈴木信太郎は京師大学堂で日本語を教える前に既に北京滞在中で、一九〇三年四月に、秋瑾に日本語と英語を教えたという。その時に秋瑾は鈴木が所持している日本刀に魅せられ、鈴木から一振りの日本刀を贈られた。秋瑾は謝礼に詩詞「日本鈴木文学士寶刀歌」を捧げることになるが、鈴木は一九〇六年に帰国してしまい、次の年一九〇七年七月に秋瑾は紹興で決起し斬首される。秋瑾と師弟関係にある鈴木は秋瑾の決起＝斬首に驚き、その詩詞と共に別の詩詞「寶刀歌」を新聞記者などジャーナリストに教えた可能性があり、それによって、秋瑾のその詩詞が日本に伝えられたと指摘している[五]。

実際、秋瑾は一九〇四年に家族を置き、単身日本に留学することになり、弘文学院[六]の速成師範班に編入して中国留学生会館の経営する日語補習所で日本語を勉強した。その後、青山実践女学校[七]に入学するが、一九〇五年十二月に帰国してしまう。

つまり、秋瑾が帰国した後に、鈴木が日本に戻ってしまったのである。では、「日本鈴木學士寶刀歌」と「寶刀

日本鈴木學士寶刀歌	寶刀歌
鈴木學士東方傑,	漢家宮闕斜陽裏,
磊落襟懷肝膽裂。	五千餘年古國死。
一寸常縈愛國心,	一睡沈沈數百年,
雙臂能將萬人敵。	大家不識做奴恥。
平生意氣淩雲霄,	憶昔我祖名軒轅,
文驚坐客翻波濤。	發祥根據在崑崙。
睥睨一世何慷慨?	闢地黄河及長江,
不握纖毫握寶刀。	大刀霍霍定中原。
寶刀如雪光如電,	痛哭梅山可奈何?
精鐵鎔成經百煉。	帝城荊棘埋銅駝。
出匣鏗然怒欲飛,	幾番回首京華望,
夜深疑共蛟龍戰。	亡國悲歌淚涕多。
入手風雷繞腕生,	北上聯軍八國衆,
眩睛射面色營營。	把我江山又贈送。
山中猛虎聞應遯,	白鬼西來做警鐘,
海上長鯨見亦驚。	漢人驚破奴才夢。
君言出自安綱冶,	主人贈我金錯刀,
于載成川造成者。	我今得此心英豪。
神物流傳七百年,	赤鐵主義當今日,
於今直等連城價。	百萬頭顱等一毛。
昔聞我國名昆吾,	沐日浴月百寶光,
叱咤軍前建壯圖。	輕生七尺何昂藏?
摩挲肘後有呂氏,	誓將死裏求生路,
佩之須作王肱股。	世界和平賴武裝。
古人之物余未見,	不觀荊軻作秦客,
未免今生有遺憾。	圖窮匕首見盈尺。
何幸獲見此寶刀,	殿前一擊雖不中,
頓使庸庸起壯胆。	已奪專制魔王魄。
萬里乘風事壯遊,	我欲隻手援祖國,
如君奇節誰與儔?	奴種流傳徧禹域。
更欲爲君進祝語:	心死人人奈爾何?
他年執此取封侯。	援筆作此《寶刀歌》,
	寶刀之歌壯肝膽。
	死國靈魂喚起多,
	寶刀俠骨孰與儔?
	平生了了舊恩仇,
	莫嫌尺鐵非英物。
	救國奇功賴爾收,
	願從茲以天地爲鑪、
	陰陽爲炭兮,
	鐵聚六洲。
	鑄造出千柄萬柄刀兮,
	澄清神州。
	上繼我祖黄帝赫赫之成名兮,
	一洗數千數百年國史之奇羞!

歌」[八]を見よう。

「日本鈴木文学士寶刀歌」は、鈴木信太郎の愛国心とアジア主義に対する憧れ、及び日本刀の魔力について謳っている。また「寶刀歌」は秋瑾の祖国を憂え、刀をとって敵に向かっていこうとの気持ちを表している。

秋瑾の詩には刀・剣を歌ったものが多く、刀・剣を歌うとき、彼女は併せて祖国の解放を訴えているが、祖国とは秋瑾にとって漢であった。その漢が長い間、清の抑圧に苦しみ、今また西洋列強によって占領されようとする。彼女にとって刀・剣は民族の自立を勝ち取る武器であり、愛国の志を象徴するものであったとまとめられる。

鈴木は自分の「愛国心・アジア主義」にあこがれていた秋瑾が身を持って愛国心を表したことに感銘を受け、彼女の詩をジャーナリストに教えたと推測できる。

三．間島時代

京師大学堂は鈴木信太郎が教育に携わった第一歩になるが、そこから日本に戻ってきた鈴木信太郎は、間島と関わりを持つようになる。前述したように、間島はその帰属を巡って清国と朝鮮の間で争いが絶えなく、日露戦争以後、韓国の外交権を日本外務省が掌握するようになり、間島の重要性を認識した日本は「朝鮮延長主義」という政策の下で、清国の強い抗議を押し切って、間島朝鮮人の「保護」を名目として統監府臨時間島派出所を設置し、朝鮮人教育に手を伸ばすようになる。

この情勢の中、鈴木信太郎は韓国統監府の技手となる。その後、鈴木信太郎他十一名を在職に儘、大韓帝国政府に聘用するとの申請をし、許可が下りた[九]。その流れ及び役割については、「間島問題に従事せんことを約束して以来、東奔西走先ず職員編成に従事した。大体の人選を終りて更に事務の分担を定め、私は総務部長として事務を統一し、兼ねて間島問題を歴史的法律的に研究に、また清国官憲と折衝することとなった。其他文学士鈴木信太郎君は専ら歴史的研究に、小川琢治君は（現理学博士京大教授）地質鉱山の調査に、農学士八田吉平は産業方面の調査及び指導に、楠野俊成君は一般行政事務に・・統監及び軍司令官と打合の為め、斎藤中佐と我等二三人は先発して、明治四十年三月京城に入った」[一〇]と篠田治策[一一]が述べている。

ここで分かるように、鈴木信太郎は間島の所属をめぐる歴史研究に専念したのである。補充ではあるが、小川琢治と八田吉平についても触れておこう。

小川琢治（一八七〇－一九四一）は、京城帝国大学教授として、日本地理学や地質学の発展に大きく貢献した学者である。日本で最初にノーベル賞を受賞した物理学者の湯川秀樹（一九〇七－一九八一）の実父でもある。一九〇七年八月から一九〇八年二月まで韓国統監府間島派出所事務官事務嘱託、調査課長を命ぜられ、同年五月に京都帝国大学文科大学教授で史学地理学第二講座担任になる。日本近代地理学の形成期において大きな足跡を残した人物である。

八田吉平（年代不明）は、日本の植物学者で台湾の植物分類学のパイオニアである早田文蔵とも親交がある人物である。彼は一九〇八年に「東間島ニ於ケル農業ノ改良発達ヲ図リ其ノ生産力ヲ増進セシメレカ為」に附属模範農園を設置する計画を立て実施し、一九〇九年二月に「産業調査報告第九号 明治四十一年度附属模範農園報告」を外務大臣宛に提出した。後に水原農林学校の技師になるが、満洲及び露領浦塩の調査のメンバーとして招かれ、後の一九一二年に日本の植物分類学者である中井猛之進と植物学雑誌に“Plante Hattae vel Materiae and Floram Koreanum & Manshuricam”を発表した。その前に一九三五年当時は「朝鮮農会」の理事でもあった。

本題に戻るが、当時間島派出所では間島が韓国領土であることを前提として史料調査・研究が進められた。即ち、結論ありきの調査研究であった。その中心を担ったのは篠田治策と鈴木信太郎で、鈴木は派出所開設に先立って韓国政府所蔵の史料を調査して七月に『清韓国境問題の沿革』を題する報告書を作成し、派出所設置後の九月には測量手などを白頭山に派遣して定界碑とその周辺の実地調査に当たらせていた。また、清国が存在を主張していた国境石の確認や、勘界会談時の茂山郡守池昌翰からの聞き取りを行うなど、史料収集と調査活動を行った[一二]。

実際、第二次日韓協約[一三]締結の直後、国友重章、根津一、柴四朗、頭山満、中井喜太郎[一四]ら国家主義者たちが間島問題に強い関心を抱き、東京で鈴木信太郎（のちに間島臨時派出所総務課員で歴史研究を担当）から問題の経緯と現況を聞き、間島の朝鮮領有を主張するに至った。中でも中井喜太郎は、韓国駐箚軍司令官長谷川好道に間島踏査を提案し、自らその許可を得て会寧守備隊の日本軍歩兵や通訳総勢十三名を動員して額木索方面までの調査を行い、一九〇六年六月に「間島問題ノ沿革」という調査報告を伊藤博文統監、長谷川司令官に提出した。こうした民間主導の現地調査と相前後して一般の日本人の間島進出が始まった。この年の十二年には、安東中和公司主人中野二郎[一五]が清の天宝山鉱務局総弁程光第との間で天宝山鉱山採掘権について契約を結んでおり、同じく十二月には会寧の貿易商渋沢義二郎が局子街に雑貨商店を開設したが、清国官憲の妨害で翌年三月に撤退を余儀なくされたとされる[一六]。結局、一九〇九年九月四日に清国が日本の安奉線改築を認める代わりに間島を領有化するという「間島ニ関スル協約」を清国と日本の間で結んだ。

しかし、鈴木信太郎は間島における歴史的研究に参加しただけでなく、教育にも深く関わっていた。日本は間島を朝鮮領土の延長であると主張し、一九〇七年八月二十二日、日本は清国政府の強い抗議を押し切って、間島朝鮮人の「保護」を名目として龍井村に韓国統監府臨時間島派出所を設置した。派出所は「韓清国境問題確定ニ至ル迄ハ間島内ノ韓国臣民ニ対シテハ、在清帝国領事ト同一権能ヲ以テ之ヲ保護スル」[一七]と主張し、間島の開発に乗り出した。

開発事項としては、龍井村と朝鮮会寧間の電信架設、龍井村の市街地建設準備、日本人の移住奨励と農工商業の進歩発達という三項が取上げられた。これにより派出所は憲兵を配置し、戸籍の調査、土地の占有、間島郵便局、間島普通学校及び慈恵病院の開設など、龍井村を中心に日本の初期間島経営が着々と進められた。つまり、二年の間に分遣所十ヶ所、派遣所四ヵ所を設置した。そこに日本憲兵二六二名、韓国警察六十三名を所属させた[一八]。

その後は間島西部の調査にも乗り出す。一九〇八年五月二十九日に鈴木事務官、八田技師及び憲兵など十余名が間島西部の地勢、道路と交通、移住の歴史、行政、農業、鉱業、森林などについて詳しく調査し、「即時憲兵分遣所ヲ置キ韓民保護ニ任スルハ事情ノ許サヽルモノアル」と主張した。また、当時の西部の状況を大量に写真に収めていたと推測できる。

また、統監府臨時間島派出所は間島地方における教育、衛生業務の続行及び臨時緊急を要する事務の処理を担当するようになる。斎藤季治郎[一九]は補助金によって排日学校として朝鮮人私立学校である「瑞甸書塾」を回収しようとしたが、瑞甸書塾委員等は受け入れなかった。その結果、朝鮮人私立学校の回収に失敗した斎藤季治郎は、学校の設立を計画したのである。「上述の如き事情あるを以て、斎藤所長は茲に完全なる学校を設立し、人心の陶冶を図るを以て緊急なる事業なりと認め[二〇]昨臘（一九〇七年十二月ー筆者註）以来当龍井村に学校を起すの議ありて予も此議に預りたり」[二一]と、間島派出所の開設から四ヶ月の時点、それ以前すでに内部には学校を設立しようという議論があった。

一九〇八年一月、斎藤季治郎は模範的学校設立の件を韓国学部と協議した。韓国学部は元山普通学校教師であり、経験も積み、且つ事務に堪能な川口卯橘を教師として任命して普通学校設立を手伝わせた。その後、川口卯橘は一九〇八年六月六日に着任し、統監府臨時間島派出所長の指揮を受けて間島普通学校設立の準備をすることになった。間島普通学校は一九〇八年七月一日に開校式を迎えた。

鈴木信太郎事務官は斎藤所長に名誉校長に推戴されるが、それは学校設置が単なる教育の普及のために行われるのではなく、派出所の間島政策の一環であることを明らかにしている。普通学校について、「本年一月模範的小学校設置ノ件ヲ禀請シ派出所所在地ニ於テ平和会議哀訴シタル彼ノ李相卨等カ嚢キニ建設シタル瑞甸義塾（瑞甸書塾ー筆者註）カ我派出所開設ト共ニ廃校シ一私人ノ所有家屋トナリ居ルモノヲ利用シテ校舎ニ充テ清国側ノ物議ヲ避ケ単ニ間島普通学校ト称シ韓国学部ト協議シ校費及ヒ教員ハ学部ニ仰テ六月廿五日ヨリ授業ヲ開始シ七月一日開校ノ式ヲ挙行シタリ」[二二]と、韓国統監府が一九〇八年に設立した公立九校の中の一つである。この学校は清国側との衝突を避けて単に間島普通学校とし、開校式を挙行する以前の六月二十五日に既に授業を開始したという。開校式で彼は以下のように発言している。

鈴木名誉校長開校ノ辞[三]

昨臘以来当龍井村ニ学校ヲ起スノ議アリテ予モ此議ニ預リタ一人ナルカ時機未タ到来セサル為遷延シ来リシニ今般愈成立シテ本日其開校式ヲ挙クルノ運ニ至リタルハ間島強化ノ為誠ニ慶賀スヘキ至リナリ

只今予ハ間島有志諸君ノ推挙ヲ被リ名誉校長ノ任ヲ托セラレタルハ深ク名誉ヲ感スルト共ニ聊カ顧慮ニ堪ヘサル者アリ元来余ハ派出所事務官ノ末班ニアリテ公務ヲ帯フル身ナレハ専心学校ノ事務ヲ視ル能ハサルヲ以テナリ分レントシテ本校ニシテハ普通学校ニテ既ニ経験積ミ且ツ事務ニ堪能ナル川口教師ノアルアリテ懇篤ニ予ヲ輔佐スヘキ約セラレ且ツ始メヨリ関係モアリ旁々以テ一概ニ之ヲ辞退ソ難ク遂ニ不肖ヲ顧ミス我長官斎藤所長ノ公評ヲ得テ之ヲ承諾スルコトトセリ

既ニ一旦承諾シタル以上ハ爾後公務ノ余暇務メテ職員ヲ統導シ学徒ヲ薫陶シ間島ニ於ケル文明教育ノ模範タラシメンコトヲ期スル覚悟ナリ

却説今日ノ式典ニ際シ学徒諸子及父兄諸君ノ多数来集セラレタルヲ機トシ予ハ学校長トシテ茲ニ一言スヘキ者アリ

本校ノ教育ハ一昨年九月始メテ発布セラレタル韓国学部ノ新教育令ニ準拠シ専ラ普通教育ヲ授クルヲ以テ主眼トナス普通教育トハ苟モ一国ノ人民タル者ハ必ス一般ニ心得置クヲ要スル実用必須ノ学問ニシテ即チ人倫ノ大道ヲ教エル修身、規律ヲ守ル習慣ヲ養成スル為ノ体操其他国語漢文日本語算術地理歴史博物圖画等ナリトス

此等ノ諸学科ヲ修ムルニハ学部ハ四ヶ年ノ歳月ヲ規定セルヲ以テ諸子ハ学術ノ進捗ヲ圖ルト共ニ大ニ忍耐ノ念ナカルヘカラス然ルニ従来韓国学徒ノ弊トシテ入学当時ハ能ク勉ムルノ風アリト雖モ或ハ半年乃至一年ニ及ヘハ忽チ対マン怠慢ノ念ヲ生シテ中途廃学スルモノ多ク甚シキハ未タ数月ナラサルニ既ニ倦ンテ業ヲ廃スルモノ亦少カラス故ニ何レノ普通学校ニアリテモ其ノ開学ノ際ハ一時多数ノ学徒ヲ有スルモ漸次其数ヲ減シ卒業ニ至レリ…半分はニ過キサルヲ列トス本校学徒ハ断シテ此ノ弊ナカランコトヲ希望ス又ハ欠席ノ多キハ独リ教授上ニ不都合多キノミナラス学業ノ進歩ニモ亦大害アリ彼ノ雨雪ニ托シ祭事ニ托シ或ハ些少ナル家事ニ托シテ頻繁

ニ欽席スルガ如キハ尤モ戒メサルヘカラス父兄諸君ハ家庭ニアリテ能ク其子弟ヲ監督シ又能ク之ヲ奨励シ学校教員ト内外相待テ其修業ノ目的ヲ達セシムルニ盡力セラレルヘシ
凡ソ将来ノ国民タランモノハ普通教育ノ素養ナカルベカラ否ラスンハ即チ他人ノ圧制モ之ヲ免ルルニ由ナク自己ノ生命財産ヲスラ之ヲ安全ニ保ツノ道ナク到底貧弱ノ境ヲ脱スル能ハサルヘケレハナリ
蓋シ一国富強ノ基ハ其国民ノ普通教育ノ程度如何ニアリトハ世ノ定論ナルヲ以テ父兄諸君ハ本校ノ新教育ニ信頼シテ其子弟ヲ送リ学徒諸子ハ奮ツテ本校ノ課程ヲ修メ以テ久シク世ノ文化ニ遅レタル此間島ヲシテ一日モ早ク文明ノ域ニ進メラレンコトヲ希望ス聊カ無辞ヲ陳シテ開校ノ辞トナス
終リニ臨ンテ斎藤所長閣下其他一般来賓諸君ハ公私多忙ナルニ関ハラス特ニ本日ノ式場ニ来臨ノ栄ヲうけ賜ハリタルハ深ク本校ノ光栄トスル処ナリ職員学徒一同ヲ代表シテ一言礼辞ヲ述ブ

明治四十一年七月一日
隆熙二年七月一日
鈴木信太郎

彼は、「間島有志諸君ノ推挙ヲ被リ名誉校長ノ任ヲ托セラレタルハ深ク名誉ヲ感スル」と挨拶し、普通学校は「間島ニ於ケル文明教育ノ模範タラシメンコトヲ期スル」ため設立したと説明し、そのためには、「父兄諸君ハ家庭ニアリテ能ク其子弟ヲ監督シ又能ク之ヲ奨励シ学校教員ト内外相待テ其修業ノ目的ヲ達セシムルニ盡力セラレルヘシ」とお願いしたのである。それは、「一国富強ノ基ハ其国民ノ普通教育ノ程度如何ニアリ」と普通教育の大切さを言及しながら校長としての挨拶と為したのである。

間島普通学校は、鈴木信太郎が教育に携わった次のステップであるが、間島協約後、間島派出所の撤退共に、間島から引き上げられたと思われる。

四．京都時代

学生監	庶務課長	書記官
1918.4.25-23.6.29属 1923.6.30-25.8.23兼	1923.12.1-24.6.25属 1924.6.26-25.8.23扱 1925.8.24-26.11.16	1924.6.26-25.8.23扱 1925.8.24-27.8.26

間島から引き上げてから一九一六年まで朝鮮半島に戻り、全羅北道で官僚として、内務部・財務部などで働いた。その後は京都大学の学生監、庶務課長、書記官として名前が上がっている。具体的には表通り[二四]である。

時期が重なるときがあるが、一八九三年（明治二十六年）八月十一日公布、同年九月十一日に施行された帝国大学官制（明治二十六年八月十一日勅令第八十三号）によれば「書記官（奏任[二五]・一名）は総長の命令を受け、庶務・会計を担当する。」となっていたからである。

「京都時代の仲間」という元第一銀行の常務であった小暮和男の回顧録[二六]で「寄宿舎は当時全国で最も完備した寮といわれた丈あって入舎希望者が多く、学生監鈴木信太郎先生と舎生から選ばれた二人の総務委員の面接詮衡試験を受けた。百名近い志望者のうち私達二十名程が入舎を許可された。」と述べている。

この時期と言えば、一九二五年に京都学連事件[二七]が起きており、翌年の四月四日に事件の公判が京都地方裁判所第一号法廷で行われた。また、四月八日の公判五日目で各被告から検事の取調べの矛盾点などが指摘され、弁護人側から証人の申請として、久保田特高課長、斉藤印一、花田京大学生監、鈴木信太郎、山本宣治、向日町高等係等の名が出ていたという[二八]。

京都帝国大学は鈴木信太郎が教育に携わった第三のステップであった。

五．青森時代

一九二七年七月に京都帝国大学の書記官だった鈴木信太郎が弘前高等学校（現弘前大学）第三代校長となる。これまでの第一代校長である秋田實も第二代校長である黒金泰信も他学校での校長経験者であった。もちろん、鈴木信太郎は間島普通学校の名誉校長であったとしても、実務は当時の訓導であった川口卯橘が担当していた。ここから、水野錬太郎との人的つながりから弘前高等学校の校長になったと思われる。水野錬太郎は一九一九年に原敬内閣の時、朝鮮総督府の政務総監になり、文治政治を行うが、一九二七年田中義一内閣で、高橋是清蔵相の辞任に伴う、三土忠造文相の蔵相に転任したため、水野錬太郎が文部大臣についたのである。そして、鈴木信太郎に昭和二年九月六日に当時文部大臣の水野錬太郎に「従五位勲四等」が叙位された[二九]。

しかし、その後に公金流用疑惑と教官の対応に対し学生等による四日間の休校が行われ、一九二九年二月に鈴木信太郎は休職してしまった。ここで言及すべきは、この時期というのは日本の小説家である太宰治（本名：津島修治）の高校時代と重なる。一九二七年に第一高等学校（現在東京大学教養学部）受験に失敗し、弘前高等学校（現在弘前大学）の文科甲類（文系の英語クラス）に入学する。一九三〇年の二十一歳の時に東京帝国大学仏文科入学し、一九三六年に第一作品集『晩年』を発表することになる。そして、「帝国大学新聞」の一九三八年十月三十一日号に「校長三代」を発表することになる。彼の作品を通して鈴木信太郎の人物像が明らかになる。

校長三代[三〇]

弘前＝校長檢事局へ行く

私が弘前の高等學校にはひつてその入學式のとき、訓辭した校長は、たしか黒金といふ名前であつたと記憶してゐる。金椽の眼鏡を掛け、痩身で、ちよつと氣取つた人であつた。高田早苗に似てゐた。植木が好きで、學校のぐるりに様々の植木を、優雅に配置し、ときどき、ひとり、兩手をうしろに組んで、その植木の間を、ゆつくり縫つて歩いてゐた。

間もなくゐなくなつて、そのかはりに來たのは、鈴木信太郎氏である。このひとの姓名は、はつきり覺えてゐる。このひとはちよつと失敗した。いまは、どうして居られるか。政治家肌のひとで、多少、政黨にも關係があつたやうである。就任早々、一週を五日として、六日目毎に休日を與へ、授業も毎日午前中だけにしたい、それゆゑに生徒が怠けるとは思はれない。自分は生徒を信じてゐる、といふやうな感想を述べ、大いに生徒たちを狂喜させたが、これは、實現されなかつた。結局、感想にすぎなかつた。けれども他のことを實行した。一校を一國家と看做し、各クラスより二名づつの代議士を選擧し、學校職員ならびに校友會委員は、政府委員となり、ときどき議會をひらいて、校政を審議するといふやうな謂はば維新を斷行した。

校長自身は、さしづめ一國の宰相とでもいふやうなところであつた。代議士選擧は、さかんであつた。學校の廊下には、べたべた推薦のビラが張られて、選擧事務所なども、ものものしく、或るものは校門の下に立つて、登校の生徒ひとりひとりに名刺を手交し、よろしくたのみます、といつて低くお辭儀をして、或るものは、中學校の先輩といふ義理のしがらみに依つて、後輩を威嚇し、饗應、金錢、などといふばかな噂さへ立つた。

この議會制度は、のちに宰相を追放した。あのときは、たいへんな騷ぎであつた。校長が、生徒たちの醵金してためて置いた校友會費、何萬圓かを、ひそかに費消してしまつてゐたのである。何に使つたかは、輕々に、私たち、今は言へない。校長自身が、知つてゐる。そのころの政客のあひだでは、そんなこと平氣なんだらうが、「教育界でそんなことをして、ばかだ。」と當時縣會議員をしてゐた、私の兄が言つてゐた。はじめから普通でなかつた。全然無學の人の感じであつた。縫紋の、ぞろりとした和服が、よく似合つて、望月圭介に似てゐた。それだけで、何もかも、判るだらう。洋服のときはゴルフパンツである。堂々の押し出しで、顏も美しかつた。たまに、學校へ人力車に乘つてやつて來て、祕書をしたがへ、校内を一巡する。和服に、絹の白手袋、銀のにぎりのステツキである。一巡して、職員たちに見送られ、人力車に乘つて悠々、御歸館。立派であつた。それこそ、兄貴の言葉ではないが、教育界にゐてそんなことをしたからこそ、失敗なので、あれで、當時の政黨にゐて動いてゐたなら、あるひは成功したのかも知れない。不幸な人であつた。

校長には、息子があつた。やはり弘前高等學校の理科に在籍してゐた。私は、その人とは、口をきいたこともなかつたが、それでも、校長の官舍と、私の下宿とは、つい近くだつたので、登校の途中、ちらと微笑をかはすことがあつて、この人は、その、校長追放の騷ぎの中で、氣の毒であつた。

校長は、全校の生徒を講堂に集めて、おわびをした。このたびは、まことにすまない、ゆるしてもらひたい、と堂々の演説口調で言つたので、生徒は、みんな笑つた。どろぼう！と叫んだ熱血兒もあつた。校長は、しばらく演壇で立往生した。私のちかくに、校長の息子がゐた。うつむいて、自分の靴の先のあたりを、じつと見つめてゐた。よく、できるひとで、クラスのトップだつたらしいが、いまは、どうしてゐるだらう。

鈴木校長が檢事局につれて行かれて、そのつぎに來たのは、戸澤とかいふひとであつた。私は、ひとの名前を忘れ易く、この校長のお名前も、はつきり憶えてゐない。間違つてゐるかも知れない。菊池幽芳氏の實弟である。寫眞で見る、あの菊池幽芳氏と、たいへんよく似てゐた。小柄で、ふとつて居られた。英文學者の由であつた。軍事教練の査閲のときに、校長先生に敬禮！といふ號令がかかつて、私たちは捧げ銃をして、みると、校長は、秋の日ざしを眞正面に受けて、滿面これ含羞の有樣で、甚だ落ちつきがなかつた。ああ、やつぱり幽芳の弟だな、とそのときなつかしく思つた。この校長のときに、私たちは卒業したのである。その後のことは、さつぱり知らない。

所謂「政治家肌のひと」であり、「生徒たちが醵金してためて置いた校友会費、何万円かを、ひそかに費消してしまって、最終的には「検事局につれていかれた」という結末になってしまった。ということから、太宰治は「教育界にいてそんなことをしたからこそ、失敗なので、あれで、当時の政党にいて動いていたなら、あるいは成功したのかも知れない。不幸な人であつた。」とまとめている。

一説には冤罪の可能性もあると言うが、「全校の生徒を講堂に集めて、おわびをした。このたびは、まことにすまない、ゆるしてもらいたい、と堂々の演説口調で言った…」という内容から冤罪とは思われない。

その後、台湾総督府の官僚として再び名前が上がっている。一九四三年一月一日から企画課長兼統計課長を、同年十一月一日からは総務課長兼統計課長を担当したと記録されている[三一]。果たして本章の主人公であるかどうか再検討する必要がある。もし事実だとすれば、恐らくその役職のまま敗戦を迎えたと思われる。その後の行方については今のところ、不明である。

六、おわりに

鈴木信太郎は、「日本人教習」、韓国統監府間島臨時派出所総務課員、間島普通学校名誉校長、京都大学の学生監・庶務課長・書記官、弘前高等学校校長など様々な側面を持つ人物である。本章では、鈴木信太郎に触れる秋瑾と太宰治の作品や関係する史料の基に彼の一生を追った。彼は、東京帝国大学卒業後、外地（朝鮮半島）・満洲（間島）・内地などで、植民地政策・教育などに深く関わっており、様々な政策及び教育現場を体験しながら、生涯を送った人物であると言えよう。

一

一人は本章の主人公で、もう一人は一八八四年十一月－一九五八年六月二十七日に生きた山形県出身の日本の内務官僚である。彼は、第一高等学校を経て、一九〇九年に東京帝国大学法科大学法律学科を卒業して同年十一月に文官高等試験行政科試験に合格した。一九一〇年に内務省に入り、石川県警部、愛媛県警視、岩手県事務官、神奈川県理事官、島根県警察部長、台湾総督府警視兼参事官、内務書記官、地方局市町村課長、奈良県知事に就任した。以後、岐阜県・山梨県・長野県・長崎県の各知事となり、一九三五年一月に京都府知事となった鈴木信太郎である。

後一人は、一八九五年六月三日－一九七〇年三月四日に生きた神田佐久間町生れの

役人

フランス文学者で、日本芸術院会員、東京大学教授、同文学部長、中央大学文学部教授、東洋大学教授、日本フランス語フランス文学会会長などを歴任したほか、多くの大学に出講した教育者の鈴木信太郎である。

二　けいしだいがくどう。一八九八年六月十一日に清国の光緒帝は「定国是詔」で正式に変法を宣言する。その中に京師大学堂についても述べられており、七月三日に光緒帝が梁啓超起草の『奏擬京師大学堂章程』を批准、設立されたのが京師大学堂である。授業は同年秋からスタートした。しかし、一九〇〇年八月三日に一時閉鎖されることになるが、それは排外的な秘密結社による反乱・義和団の乱を西太后が支持して、欧米列国に宣戦布告したことから、一九〇〇年六月二十日より、国家間戦争となったためである。京師大学堂が再開されるのは一九〇一年十二月十七日のことであり、更に一八六二年に設立された官立の外語学校・京師同文館を一九〇二年に吸収した。

大学堂は再開に際し、新たに速成科（師範館・仕学館）と予科を設けた。このときに清国政府は日本に正式に教師の派遣を要請している。これを受けて、速成師範館（現在の教育学部のようなもの。現在の北京師範大学の前身）の教習として、北京入りしたのが、東京帝国大学助教授だった服部宇之吉であった。その後、服部を通じて多くの日本人が京師大学堂で様々な科目の教師として招かれ、また服部の依頼に応じて多くの留学生を日本文部省は受け入れた。京師大学堂は、辛亥革命後の一九一二年に「北京大学」と改称することになる。

文学者

三　劉建雲「清末の日本語教育と広州同文館」『中国研究月報』五十三巻十二号　一九九〇年十二月　4頁

四　阿部洋著『中国の近代教育と明治日本』福村出版　一九九〇年　136-137頁

五　永田圭介著『競雄女侠伝-中国女性革命詩人秋瑾の生涯-』編集工房ノア　二〇〇四年

六　弘文学院（改名以前は亦楽書院）は、一八九六年に柔道家・教育家の嘉納治五郎が中国からの留学生のために牛込（現・新宿区西五軒町）に開いた教育機関である。一九〇三年乾隆帝の諱の「弘暦」の「弘」を避諱して、宏文学院と名称を改める。一九〇九年閉校するまで多くの人材が輩出していた。

七　一八九九年に近代女子教育の先覚者である下田歌子によって創立された。一九〇一年の実践女学校における清国留学生受け入れを皮切りに、一九〇五年には実践女学校に清国留学生部を設置するなどの取り組みを通じて、留学生の積極的な受け入れを行った。以降、歌子のもとで実践女学校は日本における清国女子留学生受入の中心的な学校として、一九二二年まで一〇〇名近い多くの卒業生を輩出した。秋瑾もこうした留学生の中の一人である。

八　http://www5a.biglobe.ne.jp/~shici/qiu29.htm による。

九　「統監府技手菊池為行外十一名韓国政府ノ聘用一応シ俸給ヲ受ケ並ニ在職者ニ関スル規定適用ノ件」内閣総理大臣侯爵西園寺公望明治四十年四月八日　国立公文書館所蔵「国立公文書間所蔵「明治公文雑纂・明治四十年・第二十三巻・統監府、会計検査院・台湾総督府及庁附県」

一〇　篠田治策著『間島問題の回顧』大連中日文化協会　一九三〇年　5頁

一一　一八七二年十月十二日に静岡県小笠郡で生まれる。錦城学校を経て東京帝国大学法科大学法律科に入学、一八九九年に東京帝国大学卒業後、同年十二月から東京で弁護士業に従事し、一九〇四年六月に第三軍国際法顧問として日露戦争に従軍、一九〇六年に関東都督府附、一九〇七年六月に統監府嘱託に就任、同年八月に統監府官憲を間島に派遣するために龍井村に潜入し、統監府臨時間島派出所を開庁して総務部長、農商工部山林局林政課長などを歴任した。一九〇九年十月に統監府秘書官、一九一〇年十月に平安南道内務部長、一九一五年五月に平安南道第一部長、一九一九年にウラジオストク派遣軍政務事務嘱託として同地に出張、同年九月に平安南道知事、一九二二年三月に東京帝国大学法学博士となる。李王職次官時代の一九二七年に李垠、方子夫妻の欧州巡遊に同行、さらに李王職長官時代の一九三五年に李垠に扈従して台湾を視察した。李王職長官在任中の一九三五年八月十二日に勲一等瑞宝章を受け、一九四〇年三月に辞職。同年七月から速水滉を継いで京城帝国大学第九代総長に就任し、一九四四年三月に辞職、一九四六年一月二十三日に逝去される。

一二　統監府臨時間島派出所『統監府臨時間島派出所紀要』一九〇九年十一月　第五章

一三　日露戦争終結後の一九〇五年十一月十七日に大日本帝国と大韓帝国が締結した協約である。

一四　明治－大正時代の新聞人。一八六四年八月二十一日生まれ。一八八九年帝国大学を中退、読売新聞社にはいり、編集長、主筆をつとめる。一八九八年東亜会を組織、一九〇〇年近衛篤麿の国民同盟会幹事。一九〇三年対露同志会にくわわり対露開戦を主張した。のち漢城新報社長。京城民団長。一九二四年四月二十五日死去。六十一歳。山口県出身。著作に「朝鮮回顧録」「南洋談」など。

一五　中野二郎（一八六四－一九二七）は一八九五年に札幌で露清語学校を開き、参謀本部と北海道庁から補助を受けて対露スパイを養成するために教育を行った。一八九九年五月に中野はこの学校で養成したスパイ五名をシベリアに送り込んだ。一九〇〇年中野は天津、北京、ブラゴヴェシチェンスクなどを回り、一九〇三年に朝鮮に入った。一九〇四年日露戦争が始まると和田雄次郎とともに安東（現在の遼寧省丹東）で運送会社桟漕会社を設立し日本軍の軍事物資の輸送を行い、その後中和公司を設立した。ここで彼は間島の重要性を認識し、平山周（黒竜会創立のメンバーの一人）を視察のため特派したのである。平山周が間島に入る準備をしている時に中野は安東で平山周に「満洲経営は今や実行実践の秋に入る宜しく大局上其咽喉の地を把握して将来の根基を立てざるべからず。鴨緑江長白山松花江上流以東図們江一帯の地を其実践上の根拠地とす…」という「注意書」を渡した。一九〇六年十二月中野は程光第と天宝山銀鉱契約を結んだ。しかし、吉林官憲は兵力で天宝山を封鎖し、採掘事業の停止を厳命したのである。

一六　永井勝三『北鮮間島史』会寧印刷所出版部　一九二五年　358－359頁

一七　篠田治策編著『統監府臨時間島派出所紀要』亜細亜文化社　一九八四年　49頁

一八　同前　214頁

一九　斎藤季治郎の詳細に関しては拙著の「日本人と間島－斎藤季治郎を中心に－」Andrew Hall・金斑実共編『満洲及び朝鮮教育史－国際的なアプローチ』花書院　二〇一六年三月を参照されたい。

二〇　川口卯橘「間島普通学校の経営」川口卯橘著『咸北雑俎』京城済世協会　一九二四年　230頁

二一　延辺朝鮮族自治州档案館所蔵『間島普通学校沿革誌』　5頁（金斑実「延辺朝鮮族自治州档案館所蔵『間島普通学校沿革誌』についで」『韓国言語文化研究』十八号に所収）

二二　駐韓日本公使館記録「一九〇八年度間島派出所概況報告書」420頁『朝鮮統治史料』第一巻に所収

二三　延辺朝鮮族自治州档案館所蔵『間島普通学校沿革誌』　5頁
二四　京都大学百年史編集委員会『京都大学百年史資料編三』「第四章：主要人物一覧」二〇〇一年
二五　奏任：奏任官は明治憲法下の高等官の一種で、高等官三等から八等に相当する職とされていた。
二六　小暮和男「京都時代の仲間」『同好』一九六五年七月　29頁
二七　一九二五年（大正十四年）十二月以降、京都帝国大学などでの左翼学生運動に対して行われた検挙で、日本内地では最初の治安維持法適用事件として知られる。
二八　「京都日出新聞」一九二七年四月五日夕刊二面と四月九日朝刊三面
二九　国立公文書館〈内閣〉叙位裁可書・昭和二年・叙位巻二十八 昭和二年九月六日－昭和二年九月十五日内閣総理大臣男爵田中義一宛文部大臣水野錬太郎発「彦根高等商業学校長矢野貫城外二十七名叙位ノ件」
三〇　「帝国大学新聞」一九三八年十月三十一日号　八面　復刻版『帝国大学新聞』第十二巻　不二出版　一九八四年
三一　王鉄軍「近代日本文官官僚制度の中の台湾総督府官僚」『中京法学』四十五巻1／2号　二〇一〇年　194－199頁

第三章　川口卯橘【教育】

一．はじめに

満洲・間島における普通学校教育を言及する際に、欠かせない人が川口卯橘である。彼の出身地は東京で、小学校校長であったが韓国統監府学部の招聘により元山普通学校の訓導になる。一九〇八年に間島普通学校の訓導になり、一九一一年からは会寧普通学校訓導、茂山普通学校訓導、一九二五年七月二十五日からは朝鮮総督府直属機関である朝鮮史編修会の属託になる。その後の一九三一年十二月十七日に離任するが、その理由が「死亡」であった。彼が学部に招聘されたのは単に教育的技術家と云うよりも、知識人として才能があるからだと思われるように、既に『兵式体操初歩隊列運動法』『和賀郡地理』などの本を出版し、朝鮮史編修会属託時代には、『高麗王陵誌』「大蔵経板求請と日鮮の交渉」などの著書及び論文を発表した。

本章では、彼の間島時代を中心に置きつつ、生い立ちから死去までの各時代の活躍ぶりを言及する。

二．生い立ち

一八六八年の支配帳に川口七之助家がある。川口七之助は幼少から画を好み、のち有度、月嶺と号し、別に真象、文紀なども称した。一八二九年十八歳の時、画業を志して秋田横手の柴田南谷を訪れ、さらに山形、会津（福島県）を経て一八三〇年に江戸に至り、広く諸家の門を叩き、遂に四条円山派を確立した鈴木南嶺に師事、同門の柴田是真と技術を競い門下の双璧と称された。のち関宿藩（千葉県）藩主久世氏に出仕したが、間もなく致任して諸国を漫遊、下野国（栃木県）烏山でたまたま画を好む同藩士粕谷忠右衛門に避遁し、その娘をめとり粕谷永七と称した。このころ、書を大窪詩仏に学び、剣を佐藤一心斉に、易を堀川無明に学んだ。一九四五年単身郷里に帰ったところ、その名声は藩主南部利済（十三代藩主）の知るところとなり、その翌年二人扶持（高十二石）で召し出された。これにより妻子を烏山から呼び寄せ盛岡に居住した。一八五一年三人加扶持（高三〇石）で五人扶持となり、大奥用聞格銅山吟味役・奥詰を務めた。一八五五年（安政二年）藩が霊承院（南部利済）の絵像作成を絵師藤田祐昌と絵師並狩野佐助に命じた時、月嶺は両名の差図役に任じられた。一八七〇年隠居、同四年死去した。その遺作の多くは郷里鹿角市と盛岡市にあるが、川口家に伝来したものは、その子月村（亀次郎宣寿）の遺作とともに、子孫丑吉によって岩手県立博物館に寄贈された。月村の設色鮮麗は父をしのぐものがあり、父に劣らぬ写生熱心の逸話を残している。北海道開拓使に出仕、測量図とともに、多くの写生帳を残している。一八七八年の士族明細帳によれば、月村は加賀野村（盛岡市）七十七番屋敷に居住し、同三十七年に死去した。月村に三子あり、長男が主人公の卯橘で、次男は甲助で、三男乙吉が父の画業を継ぎ、月泉と号した。その子で現当主の丑吉は盛岡市に居住し、歴代の墓地は盛岡市の永福寺にある。

彼は朝鮮に渡る前に既に『兵式体操初歩隊列運動法』（一八八八）と『和賀郡地理』（一九〇二）を著している。『兵式体操初歩隊列運動法』については次のように述べている。

事業ノ成否ハ精神ノ強弱ニ関スル者ナリ精神ノ…肉体ノ如何ニ図セサルハナシ古人曰完全ノ精神ハ完全ノ肉体ニ存スル夫レ然リ盍シ精神己ヲ向フ所々アルモ健全ノ肉体ヲ之ニ従ッテ鋭敏ニ運動セサレハ何ヲ以其目的ヲ達スルコトヲ得ンヤ智育モ其効ナシ徳育モ其験ナクシテ止マンノミ完全ノ肉体トハ何ツ曰強壮ノ質ニメ容儀厳格挙止優美鋭敏ニテ規律アル者是レナリ学校教育ニ於テ体操ノ一課能ク容儀テ厳正ニテ挙止ヲ優美ナラシメ強壮ニテ規律アル者是レナリ養成スヘシ翻ッテ我ガ岩手県当時ノ学校体育ノ景況ヲ見之レガ機関タルノ体操ハ徒

ラニ児戯ニ類シ怪傑席上ノ舞タルニ過キス豊慨スルニ勝ユヘケンヤ今ヤ我ガ岩手県尋常師範学校体操教員安田次郎君深ク之ヲ憂ト洽ク体育ノ普及改良ヲ図リ数年間ノ経験ト生理上ノ実理トヲ参酌シ一小冊子ヲ編制シ以テ之ヲ地方教育ニ従事スルノ諸氏ニ頒タントセラル是レ生等ノ最モ欣躍謹仰スル所ニシテ亦地方諸氏ノ熱望セラル、所ナラン故ニ生等其稿ヲ講ヒ速カニ其頒布ヲ図ントス然レモ部数ノ多キ一々之ヲ筆耕ニ委シ以テ謄写スルノ迂ヲ取ルヘカラス僅カニ活字ノ便ヲ仮リテ之レニ代ヘ点商利ヲ射ルノ徒ニ託セズト云フ

という内容から著者は安田次郎で川口は編輯として関わってきたことがわかる。

『和賀郡地理』は全部で九章からなり、位置と区域、地勢及山川、山林原野、地質鉱物、気候生物、風俗産物、交通、町村、沿革という目次で書かれている。章の最初に「川口卯橘編」になっているが、最終頁には「著作者　川口卯橘」になっていることから、川口卯橘が『和賀郡地理』を著したのは間違いないだろう。

三．韓国統監府時代

三．一　元山普通学校

日露戦争での日本の勝利は世界を驚かせたが、その結果に一番衝撃を受けたのは朝鮮の支配層であった。ロシアの勝利を信じ、ロシアの力を借りて日本を牽制しようとした目論見が外れたからであった。

一九〇五年九月に講和会議で「韓国ニ於テ政治上軍事上及経済上ノ卓絶ナル利益ヲ有スルコト」を四大国に認めさせた。また、その二ヶ月後の十一月十七日の第二次日韓協約によって韓国を保護国化した。協約に基づき、翌年二月一日にソウルに韓国統監府が設置され、初代統監の伊藤博文がソウルに赴任したのはそれから一ヶ月後の三月二日である。その後に初代統監伊藤博文の基で「模範教育」が実施され、始まったのが学校制度の改革であった。一九〇六年九月の「普通教育令」施行によって、従前の小学校（五～六年制）を改編した普通学校（四年制）

が発足された。その数は当初、官立九校、公立十四校であった（まもなく公立漢城普通学校の官立化、官立養賢洞・養士洞普通学校の合併が行われ、官立九校公立十三校となる）。その後一九〇七年二十八校、一九〇八年九校、一九〇九年一校の公立普通学校が増設され、一九一〇年四月、漢城師範学校附属（安洞）を除く官立普通学校八校が公立に移管された。従って、最終的な普通学校数は官立一校、公立五十九校であった。一方、官公立普通学校に準ずるものとして、一九〇九年に三十一校、一九一〇年に十校の補助指定校が設定された[二]。

第一期（明治三十九年即ち光武十年）新設　官立九校、公立十三校
官立：校洞、齊洞、養賢洞、仁峴、水下洞、貞洞、梅洞、安洞
公立：水原、公州、忠州、光州、全州、普州、大邱、春川、平壌、寧邊、海州、咸興、鏡城
第二期（明治四十年即ち光武十一年）増設　公立二十八校
公立：鎮南浦、安州、義州、定州、馬山、東莱、蔚山、星州、尚州、慶州、元山、北青、黄州、洪州、江景、
　木浦、濟州、羅州、群山、南原、江陵、城津、会寧、仁州、安城、開城
第三期（明治四十一年即ち隆熙二年）増設　公立九校
公立：霊岩、古阜、鎮南、密陽、温陽、宣側、驪州、江華、間島（之は私立なるも公立と同一に取扱ふ）
第四期（明治四十二年即ち隆熙三年）増設　公立一校、補助指定三十一校
公立：釜山　　　補助指定：（位置省く）
第五期（明治四十三年即ち隆熙四年）増設　補助指定十校（位置省く）

日本が一九〇六年九月の新学期から日本人教員を尖兵としていわゆる「模範教育」を推進した。このときの教員の配置について統監府の資料では、「韓人教員ハ概シテ従来ノ官公立小学校教員ヲ以テ之ニ充テ日本人教師ハ新ニ本邦ヨリ所要ノ人員ヲ聘傭シ各校ニ之ヲ配置ス」と[三]記している。「当時招聘せられた内地人教師は、…単に教育的技術家と云うよりも、才幹もあり政治家的素質のある人々が、選ばれた様である」[四]と述懐しているように、彼

らが、単なる教育者としてではなく、端的にいって韓国支配の要員として能力を買われたことは事実である[五]。第三次日韓協約の延長として一九〇七年末「普通学校令」が改正され、「教員」を「訓導」と改めると同時に日本人訓導を「教監」とすることが定められた。職務権限の実態は何ら変わらなかったが、教監職の新設によって日本人訓導は法的な裏づけを与えられたのである。日本人訓導は一九〇八年一月一日付をもって正式の韓国官吏に任命された。韓国『官報』に訓導任命辞令が登場するのは一月二十八日が最初であるが、二月四日、官立普通学校日本人訓導八名に一月一日に遡って教監兼任が命じられたのを皮切りに、同様の辞令が順次発せられた[六]。

では、普通学校令[七]を見てみよう。

第一章　総則

第一条　普通学校ハ学徒ノ身体ノ発達ニ留意シテ道徳教育及国民教育ヲ施シ日常ノ生活ニ必要ナル普通ノ知識ト技芸ヲ授クルヲ以テ本旨トス

第四条　普通学校ノ就業年限ハ四ヵ年トス

第六条　普通学校ノ教科目ハ修身ト国語及漢文、日語、算術、地理、図画、体操トシ

：

この普通教育令の方針を受けて定められた普通教育令施行規則では、国語の目的は思想表現及び知徳啓発のためであり、日本語は処世の手段とされた。

では、普通教育令施行規則[八]を見てみよう。

第八条二　国語及漢文ハ日常須知ノ言語文章ヲ知ラシメ正確ニ思想ヲ表出スルノ能力ヲ養ヒ兼テ知徳ヲ啓発スルヲ以テ要旨トス

三　日語ハ平易ナル日語ヲ了解シ且ツ使用スルノ能力ヲ得シメ処世ニ資スルヲ以テ要旨トス日語ハ発音及簡易ナル会話ヨリ始メ進ミテハ近易ナル口語文ノ読ミ方、書キ方、綴リ方ヲ授ク可シ

又発音ニ注意シ国語トノ連絡ヲ務タシメ正シキ会話ヲ習得セシメンコトテ務ム可シ

五　…地理歴史ハ特別ノ時間ヲ定メズ国語読本及日語読本ノ内容トシテ之ヲ教授シ之ニ関スル読本ノ教材ニ就テハ反覆丁寧ニ説明シテ学徒ノ記憶ヲ明確ニセンコトヲ務ム可シ

「模範教育」実施にあたり、中核的手段とされたのが、他ならぬ「日語」教育である。「普通学校教科課程及び毎週教授時間表」[九]の日語と国語と漢文の時間割りをみると、従前の「国語」（朝鮮語）と同じ比重を占め（各学年とも必須、毎週六時間）ている。日本語はもはや第二国語の地位を確保しつつある。ここでの国語は韓国語であり、形式上の学部の長は韓国人が占めており、日本人は韓国人の下で補佐する立場にあった。日本語は国語とするまでには行かなかったが、必須科目とされ、授業時間も国語と同じ週六時間とされた。

『第二回公立普通学校教監会議要録』附録の「官公立普通学校教監及日本人訓導一覧表（一九〇八年七月現在）」[一〇]で確認したところ、川口の最終勤務地が東京で、小学校校長であったことが見て取れる。また、時期としては第二次拡張時、東京から元山普通学校に赴任したと思われる。

「当時招聘せられた内地人教師は、…単に教育的技術家と云うよりも、才幹もあり政治家的素質のある人々が、選ばれた様である」[一一]と述懐しているように、彼らが、単なる教育者としてではなく、端的にいって韓国支配の要員として能力を買われたことは事実である[一二]。

三．二　間島普通学校

日露戦争以後、韓国の外交権を日本外務省が掌握するようになるが、間島の重要性を認識した日本は「朝鮮延長主義」という政策の下で、清国の強い抗議を押し切って、間島朝鮮人の「保護」を名目として統監府臨時間島派出所を設置し、領土問題だけでなく、教育にも深く関わっていた。派出所は「韓清国境問題確定ニ至ル迄ハ間島内ノ韓国臣民ニ対シテハ、在清帝国領事ト同一権能ヲ以テ之ヲ保護スル」[一三]と主張し、間島の開発に乗り出した。

前章で触れたように、一九〇八年一月、斎藤季治郎は模範的学校設立の件を韓国学部と協議した。韓国学部は元山普通学校教師であり、経験も積み、且つ事務に堪能な川口卯橘を教師として任命して普通学校設立を手伝わせた。その後、川口卯橘は一九〇八年六月六日に着任し、統監府臨時間島派出所長の指揮を受けて間島普通学校設立の準備をすることになった。

それについて一九一二年（大正元年）九月編成の『間島普通学校沿革誌』[一四]には次のように記述されている。

前韓国元山普通学校教師川口卯橘新タニ韓国政府ヨリ間島普通学校教師トシテ任命セラレ（表面ハ会寧普通学校教師）統監府臨時間島派出所ノ指揮ヲ受ケテ同校ヲ経営スルコトトナリ隆熙二年六月六日着任シ派出所長斎藤季次郎ニ届ケ出ヅ

学校経営ニ就テハ従来同派出所事務官鈴木信太郎主トシテ計画セシカ同氏ハ当時西間島地方出張不在ニ付帰任迄川口教師専ラ校舎修繕教室整理等ノ準備ヲナスヘキ命ヲ受ケ夫々調査セシニ校舎ニ使用スヘキ建物及机腰掛共従来存在スル者ハ不完全ニシテ到底永ク使用ニ堪ヘサルヲ以テ仮修繕ヲ加ヘテ本年ノ間ニ合セ校舎ハ明年度ニ於テ新築シ机腰掛ハ新式ノ物ヲ学部ニ仰クコトニシタリ

そして、六月九日に本科副訓導・十七日には専科副訓導の着任、及び鈴木事務官の帰来、諸般の準備が整ったことにより、生徒の募集に乗り出した。結果として四十八名の生徒を獲得したことで、間島普通学校は一九〇八年七月一日に開校式を迎えた。

詳しくは、「本年一月模範的小学校設置ノ件ヲ稟請シ派出所所在地ニ於テ平和会議哀訴シタル彼ノ李相卨等カ曩キニ建設シタル瑞甸義塾（瑞甸書塾—筆者註）カ我派出所開設ト共ニ廃校シ一私人ノ所有家屋トナリ居ルモノヲ利用シテ校舎ニ充テ清国側ノ物議ヲ避ケ単ニ間島普通学校ト称シ韓国学部ト協議シ校費及ヒ教員ハ学部ニ仰テ六月廿五日ヨリ授業ヲ開始シ七月一日開校ノ式ヲ挙行シタリ」[一五]と、韓国統監府が一九〇八年に設立した公立九校の中の一つである。この学校は清国側との衝突を避けて単に間島普通学校とし、開校式を挙行する以前の六月二十五日に既に授業を開始したという。開校式で斎藤は祝辞を述べているが、そこで強調していることは、普通学校は「間島ニ於ケル普通教育ノ嚆矢」であることである。そのため、川口をはじめとする現場の人たちは、模範を示さないといけないので、数多くの活動を行うことになる。

川口はまず、韓国の学部に行き、理科器械及び学部に請求していた机腰掛とその他の教具を持って帰ってきた。一九〇九年一月一日には他の職員と生徒を引率して統監府派出所に行き、新年の祝辞を述べた。同年八月二日から三週間に渡り、普通学校において間島私立学校教員夏季講習会を開催するにあたり、川口は教授法、理科、体操、地理などを教えた。「間島協約」により、臨時派出所を閉鎖して間島総領事館が開館式を行う際には川口教監を始めとする職員が参会した。一九一〇年（隆熙四年、明治四十三年）八月一日から十二日間、川口を始めとする第四学年生徒十五名を連れて朝鮮半島に修学旅行を引率した。一九一一年四月八日から十四日まで総督府の命令により、川口教監は付近の私立学校及び学堂の視察を始めた。一九一六年一月十六日に普通学校に火事が起きた際には個人宅を仮事務所として使わせた。火災が起きたのはこれが初めてではなく、一九一一年にも置き、後にその影響を川口は一九一一年五月三十一日に永滝総領事に間島普通学校の状況を詳しく報告し、総領事はそれを六月七日付けで政務局長倉知鉄吉に報告している。

一、入学生募集ノ状況

従来本校生徒ハ百二十四名ヲ有セシカ二月中十六名ノ卒業ヲ出シタルヲ以テ残数百〇八名トナレリ四月ニ至リ新入生ノ募集シタルニ頭道溝・百草溝傑満洞・下泉津・会寧・間島ノ各所ヨリ集リ来リ年齢二十歳ヨリ八歳位迄あり而して百草溝及頭道溝等ノ十数里外ヨリ来ル者ハ勿論距離遠隔ノ為ニ日々通学スルヲ得サル者ハ試験ノ上外務省給費生ノ内ニ編入シ其他ハ白費生トシテ総数四十四名ノ入学ヲ許可セリ故ニ一年生ハ四月末ニ於テ直チニ男女合計六十名ノ定員トナレリ（落第シテ元級ニ留ル者ヲ加ヘ）是レ従来ニ見サル例ニシテ多クハ数月ノ後ニ非レハ定員ニ満タサリシニ今年ハ斯ク速カニ集リ来リシ所以ノ者ハ卒業生ハ各方面ニ職ヲ得テ赴任シタルト及ヒ外務省ニ於テ給費生ヲ設ケテ補助金ヲ与ヘラレタルニ基因セシナリ中ニハ長年ノ者ニテ遠ク笈ヲ負フ

テ来リ自ラ費ヲ出シテ下宿シ入学ヲ出願セル者モ数名ニ上レリ斯クシテ目下総数百五十二名ノ学徒ヲ収容セリ
二、植樹及農園ノ事
嘗テ報告セル如ク校舎ノ北方一帯ニ防風林ヲ造ルヘク日本内地ヨリあかしやノ苗木百本ヲ買ヒ入レテ植付ケ又学徒ヲシテ山及河岸ヨリ白楊柳ノ類数百本ヲ移植セシメ又桑園ヲ造ルヘク桑苗ヲ買ヒ入レ其他苹果、梨、葡萄、桃、櫻、栗ノ苗木ヲ買入レテ試植セシカ早キモノハ既ニ多クハ発芽セシモ果樹類ハ五六株ノ外未タ発芽セス生死不明ノ間ニアリ
農園ハ校庭一千坪許ヲ学徒ニ耕作セシメ先ツ馬鈴薯、菻、芹唐辛豆胡瓜西瓜私豆及茄子、甘藍、萵苣（温床ニ）等朝鮮人ノ需要ニ供スル者ヲ栽培セシメタルカ更ニ斯節ノ到ルヲ待チテ大根・蕪菁等ノ塊根類ヲ多量ニ栽培セシメントス
三、火災ノ影響ノ事
過般当市大火ニ付テハ直チニ学務局ニ電報シ後書面ヲ以テ報告シタリ当時施米等ノ為学校ヲ使用セルニヨリ五日間ノ休業ヲナシ十五日ヨリ授業ヲ開始セルカ災厄幸ニシテ別ニ特記スヘキ影響ヲ与ヘサルカ如ク二三地方ニ移動セシ者ノ外今ハ出席数堯災前ト異ナルヲ見サルニ至レリ其内金衡洙ナル学徒ノ家族ノ如キハ災後直チニ八道溝（朝陽川）方面ニ移転シタルカ昨今ニ至リ再ヒ挙族帰来シテ入学スルニ至レリ唯焼出サレタル学徒ニシテ教科書ヲ失ヒタル者アリニヨリ調査ノ上直チニ学務局ニ請求シ置キタリ

また、父母との交流であった。「隆熙四年六月十一日ハ陰暦五月五日ニテ端午ノ節句ニ当リ当地シ人民ハ皆業ヲ休ミ祖先ヲ祭リ或ハ山ニ登リ或ハ犄角ヲ行ヒ鞦韆板木ヲ跳リ老若子女遊優数日ヲ送ルノ風習アルヲ以テ此ノ時期ヲ機トシ校内ニ教育品展覧会」開催し、それを川口が総領事を通して外務大臣に報告した[一六〇]。

何よりも重視していることは、地域の有名人との交流であった。卒業証書、修業証書の授与式には領事館の人は勿論、中国商埠局、審判庁、知事、郵便局、日本人会、朝鮮人会、侍天教における有名人を招待していた。

ここで特記すべきことは、一九一二年八月二十五日に東京帝国大学の山崎直方と京城高等普通学校教諭三国谷四郎一行が間島普通学校にきて参観を行った。山崎直方（やまさきなおまさ、一八七〇年四月十日－一九二九年七月二十六日）は高知県生まれの日本の地理学者で、しばしば「日本近代地理学の父」として称えられている。専門は地形学であるが、人文地理学でも功績があり、東京府尋常中学校、第一高等中学校を経て、一八九五年、二十六歳の時、帝国大学理科大学（現東京大学）で岩石学を専攻し、地質学科を卒業する。一八九三年に東京地質学会（のち日本地質学会）の創立と機関誌『地質学雑誌』の創刊に関わり。一八九五年の二十六歳で卒業し、大学院に進学して小藤文次郎指導を受ける。

一八九七年、二十八歳の若さで第二高等学校（現東北大学）の地質学の教授に就任するが、文部省から一八九八年から一九〇一年まで三年間ドイツ・オーストリアへ地理学研究のため留学した。帰国後、東京高等師範学校（後の東京教育大学、現筑波大学）の地理学教授に就任し、一九一一年には東京帝国大学理科大学教授に就任するが、彼はまさにこの時期に間島を訪問したのである。また、『和賀郡地理』を著した川口とは予てから縁があったかもしれない。

一九一二年三月一日に学務局より総領事館に川口訓導を事務取り扱い始めるとの来牒により川口校長になる。それ以後、訓導兼校長の川口卯橘として記録されている。

ベテランである彼があらゆる面で活躍し、校長にまでなった間島普通学校の教育状況をみよう。前述したように、普通学校を設立する際に間島所長の斎藤は韓国学部に協議して「其制に則りて一学校を創設」[一七]するという。ここでの「其制」は普通学校令を指している。この普通教育令により従来の小学校という名称を普通学校に改称し、修業年限を六年から四年に短縮することになった。また、小学校令で随意科目として設置された日本語が、普通教育令の方針を受けて定められた普通教育令施行規則[一八]では、必須科目に変更された。これに伴い日本語は、一年生から教えられることになった。また、小学校令で高等科の必須科目として設置された本国地理と本国歴史が、普通教育令の方針を受けて定められた普通教育令施行規則では、地理歴史として教授時数が配当されなかった。日本語と

科目＼学年	第一学年	第二学年	第三学年	第四学年
修身	一週一時間	同左	同左	同左
国語	一週六時間	同左	同左	同左
算術	一週六時間	同左	同左	同左
日語	一週六時間	同左	同左	同左
漢文	一週四時間	同左	同左	同左
理科	＼	＼	一週二時間	同左
図画	一週二時間	同左	同左	同左
体操	一週三時間	同左	同左	同左
地理・歴史ハ別ニ時間ヲ設ケズ日語及国語ノ内容トシテ教授ス				
計	一週二十八時間	同左	一週三十時間	同左

国語の教授枠内で、教科書に基づいて教授されることとなった。

　この時期における間島普通学校の教科編制[一九]を示す。

　これは、普通学校令に沿ったもので、第一、第二学年では修身、国語（朝鮮語）、算術、日語、漢文、図画、体操となっている。第三学年、第四学年ではこれに理科が加わり、地理歴史は普通教育令施行規則第九条により国語と日本語の内容として教授することになっている。ここでいう国語とは朝鮮語であり、日語と国語のカリキュラムによると、国語と同じ週六時間とされた。つまり、日本語は国語とまでには至らなかったが、日本語はもはや準国語の地位を確保しつつある。

　統監府臨時間島派出所は模範学校としての普通学校の設立と共に、一九〇九年「間島私立学校ニ関スル内規」を発布して間島私立学校の統制を図ろうとした。その目的は、「模範的学校ノ設立ト共ニ一方ニ於テハ私立学校ノ続々設立セラル、アリ派出所ハ其統一ヲ計リ政治的思想ノ混入ヲ予防スル為メ」[二〇]であるとしている。つまり、移住朝鮮人が設立した私立学校を派出所の統制下に置くための措置であった。「間島私立学校ニ関スル内規」は「韓国学部ノ私立学校規則ニ準」したものである。

　韓国学部の「私立学校規則」とは、一九〇八年八月二十六日に（勅令第六十三号）韓国で発布した「私立学校令」に基づくものである。「間島私立学校ニ関スル内規」は基本的には「私立学校規則」と同じ内容である。但し、「私立学校規則」の「学部大臣」が「間島私立学校ニ関スル内規」では「派出所長」になっている。

また、統監府臨時間島派出所では韓国学部の教育を浸透させる目的で、「開校式ニ臨ミ或ハ学部編纂ノ教科書ヲ贈与シテ之ヲ奨励」した。また「私立学校ノ数ハ続々増加スルモ適当ナル教員ヲ得ルニ困難セルヲ以テ明治四十二年度ニ於テ夏期休暇ヲ利用シ派出所所在地ニ教員講習会ヲ開キ私立学校教員ノ有志者ヲ招集シテ教授法其他ノ学科ヲ教授シタリシカ此等ノ会員ハ何レモ熱心ニ学習シ其成績モ亦良好」であった。前述したように、普通学校の教監自ら講師となって修身、算術、日語、地理、理科、体操等についての講習を行っていた。

このような統監府臨時間島派出所の政策の下で、統監府臨時間島派出所の統制下にあった私立学校はどの程度設置されたのか。一九〇九年十二月の調査結果を提示する[三二]。

> 間島ノ文化ハ鍾城穏城ニ胚胎シ漸次対岸間島ノ地ニ移遷シタルモノ、如シ従テ現今ニ於テモ鍾城間島ニ最モ多クノ学童アルヲ見ル統監府派出所ノ設置シタル以来教育ヲ奨励シ先ツ韓国学部ニ協議シテ当地ニ模範的普通学校ヲ設立シ且ツ私立学校規則ヲ定メテ私立学校ノ設立ヲ促シタルヨリ間島東部ヲ通ジテ学堂数約五十余ヲ見ルニ及ヒ今尚存続セリ此中清国人ノ設立天主教機関タルモノ等アルモ多クハ韓人ノ設立ニ係ルモノトス

と語られている。このように、普通学校を設立し、私立学校規則を定めて私立学校の設立を促した結果、五十余の学校が開設されたというが、これら学校は中国人、天主教、多くは朝鮮人が設立した学校であった。

統監府臨時間島派出所は学部編纂の教科書を贈与したり、川口を始めとするベテランが教師となって教員講習会を開いたりするなど後援活動をしていたものの、実際には上記の私立学校五十余校が日本の統制下にあったとは明記されていない。しかし、親日団体である一進会・侍天会の活動から「十余ノ私立学校」[三三]が日本の統制化にあったというのがより妥当であろう。

普通学校、私立学校への統制とともに、補助学校の設立にも関わっていく。一九〇九年十一月に「間島協約」により、日本は中国の領土である間島で学校を経営することが非常に難しくなったからである。このような状況に対し、一九一〇年八月十三日付けで韓国統監寺内正毅は外務大臣の小村寿太郎に、日本の国威を浸透させるために「領

事ヲシテ韓民学校等ニハ補助金其ノ他相当ノ援助ヲ与ヘシメラレル様」[二三]に提案した。また、同年九月三日付けで総領事永瀧久吉から外務大臣の小村寿太郎に詳しい提案がなされた[二四]。その提案は、一つ目は三〇－五〇円の補助を間島内の小学校に与えること、二つ目は小学校へ通う機会のない地方居住者や貧困者に毎月補助金を支給して普通学校に就学させることであった。はじめは二つ目の方法をとるがやがて一つ目の方法へ移行した。これに対し、九月二十三日付けで外務大臣の小村寿太郎から寺内正毅に「御申越」の趣旨を「了承」したとの連絡が入った[二五]。

この政策の下で補助学校の設立を開始したのは一九一三年からである。それは「間島在住ノ鮮人懐柔策」の一環として、間島普通学校長である川口卯橘との連絡の下で、間島普通学校卒業生に補助金を支給して経営させたのである。つまり、総領事館管轄校として認可されている間島普通学校の附設という形をとったのである。しかし、補助金額は、前述の総領事永瀧久吉から外務大臣の小村寿太郎に提案した金額三〇－五〇円より少ない十三円を支給した[二六]。

間島在住ノ鮮人懐柔策上ニハ教育ノ機関ヲ以テ最モ手近トシ朝鮮総督府側ニ於テハ常ニ此点ニ留意シ…先ズ間島内数ヶ所ニ書堂即チ私塾ヲ設ケ間島普通学校卒業生ヲシテ之レガ経営ニ任セシメ其生計ヲ補助スルガ為メ相当ノ月額ヲ給シ総督府編纂ノ教科書ヲ使用シテ児童ヲ教授セシメ且ツ常ニ間島普通学校長ト連絡ヲ保タシムルコトトシ差当リ客年十一月ヨリ新興坪百草溝頭道溝東盛湧ノ四ヶ所ニ書堂ヲ設置シ之レガ経費トシテ総督府ヨリ一ヶ所毎ニ月額拾参円宛ノ補助金ヲ経営者ニ支給シ…

と記されている。その四つの補助書堂について川口は一九一四年一月二十二日の日付で詳しく報告している。その内容は以下のようである[二七]。

一、新興坪書道

教師　金季璿（間島普通学校出身）

1、設立年月　大正二年十一月

2、児童数　九名
3、記事
(イ)此ノ地ハ会寧ト龍井村トノ通路ノ中間ニアリ支那税関ノ所在地ナレトモ日本官憲ノ保護ナク唯税関ヲ守ル支那兵若干居ルノミ人民ハ別ニ排日的行動ヲナスモノナキモ又親支那ノ傾向アルニモアラス農民共ノ村落ナリ故ニ公然日本教育ヲ施設スルヲ好マサレトモ又支那的教育ヲナスヲモ厭フ所謂漢文教授ヲ望ム次第ナルヲ以テ教師ヲシテ先ツ普通学校用ノ教科書ヲ用テ修身・漢文・朝鮮語・算術ヲ受ケシメツヽアリ児童ノ父兄等其総督府編纂ノモノナルヲ知リタレトモ別ニ怪マス其内容ヲ見テ良キ本ナリトテ喜ヒ児童ニ購ヒ与ヘトシテ其購入方ヲ教師ニ委頼セリ漸次親日ノ傾向ノ生スルヲ見テ日本語ヲモ授ケントス
(ロ)昨年十二月中如何ナル所ヨリ風説ヲ生シタリシニヤ新興坪ニ書堂ヲ開キタル教師ハ朝鮮ノ服装ヲナセル日本人ナリトノ説伝ハリ太拉子巡警局ノ知ル所トナリ巡長来リ取調ヘ教師及生徒ノ姓名ヲ聞糺シ且ツ其教科書ヲモ取調ヘタルカ其内容モ外形モ別ニ怪ムヘキ点ナカリシヲ以テ善クヤリナサイト言テ去リシト云フ
(ハ)同新興坪ハ上下ノ二部落ニ分レ居ルカ始メ上ノ部落ニ於テ教堂ヲ開キタルモ下ノ部落ノ方ハ人家モ多数アリ且ツ其付近ナル金洞ヨリモ通学セシムルニ都合ヨキ位置ニアルヲ以テ村民ノ希望ニヨリ移転ヲ企テツヽアリ
(ニ)教師ハ単身ニテ開堂シ且ツ借家シ居ルヲ以テ村民等頻リニ家ヲ買ヒ且ツ家族ヲ連レ来ルヨウ勧ムルニヨリ今回参拾余円ニテ一家屋ヲ買入レ児童ノ父兄等集リテ之ヲ修繕スルコトニシ且ツ春陽ノ候ニ入レハ郷里湖川街ヨリ母ヲ連レ来ル見込ニテ村民ノ信用程度漸次深クナリ前途多望ノ模様ナリ
(ホ)村内ニハ彼ノ無頼ナル排日鮮人墾民会派ノモノモ一二居ル様子ニテ迂散臭キ眼ヲ以テ之ヲ見太拉子ノ巡警局ニ密告ナトスル様子ナルモ村民ノ信用ナク且ツ当普通学校ヨリ遣ハセル者ナルヲ未タ悟ラサル模様ナリ

二、百草溝書堂
教師　朴昌極（同上）
1、設立年月　大正二年十月初旬
2、児童数　二十三名
3、記事
（イ）同地ニハ帝国総領事分館ノ保護アルヲ以テ排日鮮人ノ圧迫ヲ蒙ル等ノ憂ナシ
（ロ）始メ同地ニハ一書堂アリ教師ヲ許釿ト云ヒ六十余歳ニシテ生徒ハ年齢十五六歳ヨリ二十四五歳迄ノモノ八名アリ漢文ヲ教授シテ一年ニ一人ニ付略参円宛位ノ教酬ヲ得ツ、アリキ今回朴昌極ヲ遣ハスヤ村ノ商人玄道允ナル者奔定ノ労ヲ取リ同老人ト交渉シ合併スルコト、シ児童ヲ募集セシニ更に八九歳ヨリ十四五歳迄ノモノ十五名得タリ即チ従来ノモノト合シテ二十三名トナリタル次第ナリ
（ハ）茲ニ於テ村民ノ重ナルモノ相図リ学校トナスコトニシ十二月十日ヲ以テ父兄児童等相集リ開講式ヲ挙ケ普通学校ト命名シ今年中ニハ校舎ヲ新築セントノ意気込ナリト云フ
（ニ）教科書ハ普通学校ノ教科書ヲ用ウル事ニシ当地領事館ヨリ供給ヲ受ケツ、アリ
（ホ）同地ニモ例ノ墾民会ノ支部アリテ学校ヲ設立セント企画シツ、アリシ様子ナリシモ当方ヨリ先鞭ヲ附ケタル次第ニテ且ツ日本官憲ノ保護モアリ彼等ハ如何トモスル能ハサル様子ナリ
（ヘ）村民ノ内情ヲ探ルニ中ニハ今ハ児童ヨリ報酬ヲ取ラサルモ他日学校ヲ新築スル時ニハ彼ノ父兄ヨリ賦課金ヲ取ルナラントテ危フミ居ル者モアリテ学校ノ新築終リタル後ニ入学セシメント言ヒ居ル父兄モアル由ナレハ愈カ、ル心配ナキヲ確信スルニ至ラハ更ニ児童ノ増加ヲ見ルナラント信ス

三、頭道溝書堂
教師　崔仁黙

1、設立年月　大正二年十二月初旬
2、児童数　八名
3、記事
(イ)此ノ地ハ帝国総領事分館ノ下ニアリ保護モ行届キアルヲ以テ排日者ニ対スル憂ナシ
初メ当地書堂ニハ李珩淑ト云フ者遣ハス所存ナリシニ同人ハ自己商業上ノ都合ニヨリ露領辺ニ旅行セサルヘカラサルニ至リシヲ以テ之レヲ止メ崔仁黙ヲ遣ハセルナリ同書堂ハ漸次発達ノ模様アリ何等ノ苦情モ妨害モナク漢文ノ外算術・日本語等モ父兄ノ望ニヨリ教授シツヽアリ

四、東盛湧書堂
教師　金旻健（同上）
1、設立年月　大正二年十二月初旬
2、児童数　四名
3、記事
(イ)同地ハ当龍井村ト局子街ノ要路ニ当リ当村ヨリ北一里強ニアリ日本官憲ノ保護モナク且ツ墾民会ノ範囲ニ属シ住民ノ大部分ハ其会員ナルヲ以テ之ヲ設置スルニハ頗ル苦心セリ先ツ其村民ノ内情ヲ探ルニ表面ハ墾民会員ナルモ衷心ハ大ニ彼等ノ行動ニ不満ヲ抱キ居ル者少カラサル様子ナルヲ以テ教師ヲシテ登校ヨリ派遣サレタル者ナルコトヲ固ク秘セシメ単ニ他日一家ヲ挙ケテ当地ニ移住スル見込ニテ先ツ単身ニテ来リタルモ差当リ生活ノ一助トナル為ニ児童ヲ教フル者ナルヲ声言セシメ食費ハ児童ノ負担トセシムル様ニナサシメ居レリ
(ロ)当地ハ部落南北ニ分レ居リテ北部ニハ既ニ一ノ書堂アリテ児童六七名アリ其教師モ余リ民望アリ様子ナキニヨリ南村ノ児童ハ之レニ通ハサリシニ今金旻健ノ南村ニ来リテ書堂ヲ開キシニヨリ漸次集リ来リシ

ナリ然レトモ未タ日浅ク村民ニ親ムノ時日モ短キ故教師ノ人格ヲ認識スルニ至ラス猶予シ居ル様子ナルモ日ヲ経ルニ従ヒ発達ノ見込アリ

(ハ)当地ヨリ局子街附近ニアル小営子ノ排日学校ニ寄宿入学セル者現ニ二十名アリ初メハ父兄ノ許可ヲ受ケスシテ逃亡入学セル者ナルカ今ハ不得已父兄ヨリ送資シツヽアリト云フ

附記

1、初メ銅佛寺ニ一箇所ヲ設置スル見込ナリシモ其後調査ノ結果市街地ハ支那人ノミニテ朝鮮人二三戸ニ過キス而シテ其附近一里許北ナル地北江ト号スル部落ニハ移民多数アレトモ墾民会ニテ学校及書堂ヲ設ケアリ着手ノ余地ナキヲ以テ之ヲ止メ東盛湧ニ設ケタルナリ

2、該報告ハ十二月下旬ニ報告スヘキ筈ナリシニ諸方一時ニ纏マラサリシニヨリ遅延シタリ

当時、間島は中国領土内であるため、相当中国の目を気にしていた。「我補助金ヲ以テ私塾経営ノ事ハ排日鮮人及頑冥ナル支那吏員等ヨリ内々妨害ヲ受ケルノ恐アリト認メタルヲ以テ当初ヨリ単ニ鮮人ノ私塾トシテ経営セシメ居」ることによって、公の補助学校ではなく、あくまでも朝鮮人私立学校として四つの学校を設立することになった。しかし、東盛湧書堂については、「同地ハ墾民会ノ範囲ニ属シ住民ノ大部分ハ其会員ナルヲ以テ設置スルニハ頗ル苦心セリ」「教師ヲシテ当校ヨリ派遣サレタル者ナルコトヲ固ヨリ秘セシメ」たと、設立経営の困難さを説明している。それにも関わらず、補助学校四校の状況は良好であった。そこで、一九一四年十月には五つの学校を増設して、補助金も十五円に増加させたのである。

(排日鮮人及頑冥ナル支那吏員等ヨリ)未ダ何等干渉妨害等ノコトナク其ノ後本年春太田視学官等出張視学スルトコロアリ総督府ニ於テモ設置後状況ニ鑑ミ結果良好ト認メ本年十月ヨリ更ニ五ヶ所ヲ増設シ月額拾五円宛ニ増加スルコトトシ[二八]

これで補助学校は計九校となるが、一九一五年四月の新興坪書堂は以下のように記録[二九]されている。

　同書堂ハ始メ支那官憲ヨリ種々干渉アリシモ今ハ公然認メラレ新興学校ト称シ普通学科ヲ教授シ国語ハ夜間ニ於テ希望者ニ教授シツ、アリ生徒モ漸次増加シ順調ニ進ミツ、アリ

このように、中国側も日本の補助学校に干渉したが、当時の間島の政治情勢から単なる干渉程度にとどまり、廃校させるまでには至らなかった。

しかし、下泉坪書堂については、「隣村半申ノ上泉坪ニハ彼ノ支那官立養正学堂アリ生徒ヲ強制募集スルヲ以テ公然標榜スレバ妨害ヲ加フルコト必然ヲ以テ専ラ発表ヲ避ケ潜勢力ヲ養フコトニ注意」[三〇]する必要があることを中国側が指摘している。

新興坪書堂は一九一三年十一月に設立され、普通学校出身の金季璿が経営した。生徒は九名で、その教育内容は「普通学校使用ノ教科書ヲ用テ修身漢文朝鮮語算術ヲ授ケ漸次親日ノ傾向ノ生スルヲ見テ日本語ヲモ授ケントス」るであった。その後の一九一五年には、生徒が十六名になり、教育内容は、「普通学科ヲ教授シ国語ハ夜間ニ於テ希望者ニ教授シツ、アリ」であった。

ここでもう一つ加えて置くと、以上九校と普通学校卒業生八四名の内、教員が九名になっている[三一]ことからも「間島普通学校卒業生ヲシテ之レガ経営ニ任セシメ」たことが確認できる。

日本は上記のように、「間島在住ノ鮮人懐柔策」として間島普通学校卒業生に補助金を支給し、水面下で補助学校を運営した。中国側の圧力にも関わらず、新興坪書堂は翌年に新興坪学校となって公然と日本語を教えるようになった。これら補助学校の経営結果は良好であった。

　将来発達ノ見込ミアル地方ニ書堂ヲ置キ普通学校ヨリ毎月十三円ノ補助ヲナシ朝鮮総督府編纂ノ教科書ヲ使用セシメ併セテ日本語ノ普及ヲ図リツヽアリ是レ一ハ不穏ナル教科書ニヨリテ不健全ナル思想ヲ涵養スルノ弊ヲ防ギ一ハ帝国ノ施政ニ傾向セシメンガ為メナリ然シテ何レモ漸次穏健ナル発育ニ向ヒ[三二]

そのため、水面下では満足できなかった日本側は中国官憲に執拗に接触、交渉をした。つまり、間島統治を図るために、補助学校を多く経営しようとするが、そのためには、中国側の承認がなければならなかった。

大正六年頃道尹張南宣ト日本総領事トノ間ニ協定承認シタル補助書堂数ハ別表甲号ノ通リ（本表ハ我方ヨリ道尹ニ交付シタルモノノ如シ）二十三校アリ右ハ当時省政府ニモ報告シ承認ヲ経タルモノニシテ爾来陶道尹モ右二十三校ヲ日本側ノ施設タル補助書堂ト認メテ中国側ノ教育権行使ヲ差控ヘ今日ニ至レル次第[33]

であった。一九一七年頃道尹張南宣と日本総領事との間の協定の結果、補助学校二十三校の経営の承認を得たのである。しかし、「本表ハ我方ヨリ道尹ニ交付シタルモノノ如シ」ということから、協定する前に既に日本側がこの二十三校の経営に関わっていたと推測できる。この二十三校の補助学校には、教育内容としては総督府発行の教科書が支給され、日本語などの授業を行うことが期待されていた。

また、普通学校卒業生について一九一一年の最初の卒業生十六人を輩出して以来一九一七年までに計一七六人を送り出している。その中の一五七人についての進路中日本の影響下にあった教員になった者が十三％という高い値を示している。これは、普通学校の卒業生を補助学校の経営に関わらせることで、学校設立問題と就職問題とを同時に解消する方法をとったのである。

このように、一九一七年には中国官憲との協定を行い、補助学校二十三校経営の承認を得た。また、一九一七年に遡って一九一三年から補助学校の経営には、主に普通学校の卒業生に経営させる方式を取ったのである。これは補助学校経営と普通学校卒業生の就職問題を解決できる絶妙の施策であったと思われる。

本章の主人公に戻るが、彼は一九一八年五月に学校設立に携わり、長年奮闘していた間島普通学校を辞めることになる。おそらく咸鏡北道の茂山公立普通学校に訓導として配置されたと思われる。勿論、その後任として市川庄五郎が会寧普通学校からくるようになる。

四．朝鮮史編修会

川口卯橘は一九二八年から朝鮮史編修会の嘱託として名前があがっているので、まず、朝鮮史編修会について触れていこう。

朝鮮総督府が一九二五年六月六日、勅令第二一八号により交付した「朝鮮史編修会官制」によって作られた朝鮮総督が直轄する機関であり、朝鮮史編纂委員会規定（一九二二年十二月四日、朝鮮総督府訓令第六十四号）によって発足した朝鮮史編纂委員会を拡大強化し、発足させた機構である。史料蒐集の範囲を「朝鮮に存するものを主とし、内地及び支那其の他のものを蒐集す」るという。

しかし、日本は大韓帝国を植民地とするやいなや、あるいは韓国統監府時代から既に開始されていたというべきだが、朝鮮における「旧慣調査」「古蹟調査」などに乗りだした。次いで朝鮮史の編纂に取りかかった。それは「日韓両民族は古来時に離合親疎の変遷ありしも、歴史上常に密接の関係を持続し、遂に日韓併合に至りしが、朝鮮には未だ古今に亘り、且正確簡明に記述したる歴史なきを以て、公正なる史料に拠り、官庁並びに一般の参考となすべき朝鮮半島史を編纂する必要」があるため、一九一五年七月に中枢院に於いて編纂に着手したのである。これが朝鮮における歴史編纂事業の第一歩となったのである。しかし、「帝国と朝鮮の関係は之に反して彊域相接し、人種相同じく…斯民を強化するを目的」としている。所謂、「日鮮同祖論」を前提にしていたことがわかる。特に「朝鮮半島史編成ノ要旨及順序」（一九一六年）や後述の『朝鮮半島史』第一編をみる限りは、「日鮮同祖」論が冒頭から強調されており、そこに「強い政治性」があったことがわかる。

ところが、『朝鮮半島史』の編纂は一九二四年末には中断され、一九二二年に新たに総督府の下に組織された朝鮮史編纂委員会（文部省の維新史料編纂会などがモデルであったという）に合流し、一九二五年には朝鮮総督直轄の独立機関としての朝鮮史編修会が組織されて、以後はこの編修会によって『朝鮮史』の編纂が行われていくこととなる。

朝鮮史編纂委員会規定[三四]は次の通りである。

第一条　総督府ニ朝鮮史編纂委員会ヲ置ク
委員会ハ朝鮮史ノ編纂及朝鮮史料ノ蒐集ヲ掌ル

第二条　委員会ハ委員長一人及委員若干人ヲ以テ之ヲ組織ス
委員長ハ朝鮮総督府政務総監ヲ以テ之ニ充ツ
委員ハ学識アル者ヨリ朝鮮総督之ヲ属託ス
前項ノ外委員ハ朝鮮総督府部内ノ官吏ノ中ヨリ朝鮮総督之ヲ命シ又ハ属託スルコトアルヘシ

周知のように、一九三七年まで九七万五五三四円という巨額を投じて、『朝鮮史』三十五編、『史料叢刊』一〇二編、『史料複本』一六二三編を編纂した。

一九二三年四月二十五日から李王職次官篠田治策にも委員として属託している。また本稿の主人公である川口卯橘も一九二八年からではなく、一九二五年七月二十五日から属託になった。その間に彼は、

著書　『高麗王陵誌』開城圖書館　一九二七
論文　「伝説の都開城と其古蹟名勝1」『朝鮮史學1』朝鮮史學同攷會　一九二六
「伝説の都開城と其古蹟名勝2」『朝鮮史學2』朝鮮史學同攷會　一九二六
「伝説の都開城と其古蹟名勝3」『朝鮮史學5』朝鮮史學同攷會　一九二六
「大藏経板求請と日鮮の交渉」『青丘学叢3』青丘學會　一九三一
「穩城梁景鴻等の陰謀事件」『朝鮮史學4』朝鮮史學同攷會　一九二六

などを発表した。

川口は一九三一年十二月十七日に離任するが、その理由が「死亡」であった。当時京都帝国大学教授である今西

龍[三五]も一九二六年九月二十八日から属託であったが、一九三二年五月二〇日に同じく「死亡」を理由に離任してしまった。

『朝鮮半島史』『朝鮮史』は、帝国日本による植民地支配の状況下で、帝国日本の歴史家を中心に編纂された歴史書で、韓国側からは「歴史を歪曲した」「植民史観」の代表的産物であるとの評価が行われているが、本章の主人公である川口もこの作業に関わっていた。

五．おわりに

本章の主人公である川口卯橘は、間島普通学校の設立に最初から関わり、教監、校長などの肩書きを持って、普通学校の経営、補助学校の経営などに携わりながら、間島地域の教育に多大な影響を与えた。また、亡くなるまで朝鮮史編修会に参加し、帝国日本の歴史家を中心とした歴史書の編纂に携わったことが確認できた。

一　http://www.komonjokan.net/cgi-bin/komon/を参照

二　小田省吾述『朝鮮教育史制度史』一九二四年　71－72頁『日本植民地教育政策史料集成（朝鮮編）』第二十六巻所収

三　韓国統監府『韓国施政一斑』一九〇六年「韓国教育」25頁

四　『朝鮮』第三三三号　一九四三年二月　56－57頁

五　稲葉継雄著『旧韓国の教育と日本人』九州大学出版会　一九九九年　306－312頁

六　同前　294頁

七　学部『教育法規抄』一九〇九年　11－12頁『日本植民地教育政策史料集成（朝鮮編）』第六十四巻所収

八　同前　15－30頁

九　大韓民国国会図書館編『韓末近代法令資料集Ⅴ』一九七〇年　130－131頁

一〇　『日本植民地教育政策史料集成（朝鮮編）』第六十五巻　一九九一年七月
一一　『朝鮮』第三三三号　一九四三年二月　56－57頁
一二　稲葉継雄著『旧韓国の教育と日本人』九州大学出版会　一九九九年　306－312頁
一三　篠田治策編著『統監府臨時間島派出所紀要』亜細亜文化社　一九八四年　49頁
一四　同前
一五　駐韓日本公使館記録「一九〇八年度間島派出所概況報告書」420頁『朝鮮統治史料』第一巻に所収
一六　外務省記録　外務大臣宛在間島総領事永滝久吉　教育『宗教、教育及学芸』明治四十三年六月二〇日－明治四十三年七月十三日
一七　川口卯橘「間島普通学校の経営」川口卯橘著『咸北雑俎』京城済世協会　一九二四年　230頁
一八　普通教育令施行規則（全三十一条）大韓民国国会図書館編『韓末近代法令資料集ｖ一九七〇年　21－122頁　原文はハングル。一九〇九年七月五日普通学校改正により「普通学校令施行規則」も改正される（学部令第六号）。
一九　これは一九〇九年十一月に調査したものであるが、『臨時間島派出所紀要』と『統監府時代に於ける間島韓民保護に関する施設』によると「修身国語算術日語図画体操理科学地理歴史等ヲ教授スルコト」と記しており、また、間島普通学校開校式の辞は「間島ニ於ケル文明教育ノ模範タラシメンコトヲ期ス」「一国ノ人民タル者ハ必ス一般ニ心得置クヲ要スル実用必須ノ学問」「人倫ノ大道ヲ教エル修身、規律ヲ守ル習慣ヲ養成スル為ノ体操、其他国語、漢文、日本語、算術、地理歴史、博物、図画等」の教科が挙げられていることから、設立当初から表の通りに行われたと思われる。川口卯橘一九〇九年十一月「韓国政府経営　間島普通学校ニ関スル報告」『在外朝鮮人教育関係雑纂（教育補助金支給）』外務省記録［3-10-2-42］（以下省略）
二〇　篠田治策編著『統監府臨時間島派出所紀要』亜細亜文化社一九八四年　214－216頁
二一　「間島事情送付ノ件」明治四十三年一月十一日間島総領事永瀧久吉発外務大臣小村寿太郎宛　明治四十二年十二月調『間島事情』『各国事情関係雑纂／支那ノ部／間島』外務省記録［1-6-1-26-1-24］
二二　「間島ニ於ケル鮮人児童教育機関」大正四年四月三十日在間島鈴木総領事代理発小池政務局長宛『在外朝鮮人教育関係雑纂（教育補助金支給）』

二三　明治四十三年八月十三日　機密統発第一五三六号　統監寺内正毅発外務大臣小村寿太郎宛『在外朝鮮人教育関係雑纂（教育補助金支給）』

二四　明治四十三年九月三日　間島総領事永瀧久吉発外務大臣小村寿太郎宛「間島在住朝鮮人子弟教育ニ関スル卑見」『在外朝鮮人教育関係雑纂（教育補助金支給）』

二五　明治四十三年九月二十三日　外務大臣小村寿太郎発寺内正毅宛「間島在住朝鮮人子弟教育に関する件」『在外朝鮮人教育関係雑纂（教育補助金支給）』

二六　「大正三年一月二十二日書堂状況報告」『在外朝鮮人教育関係雑纂（教育補助金支給）』

二七　「大正三年七月二十三日書堂設置ニ關シ報告ノ件」『在外朝鮮人教育関係雑纂（教育補助金支給）』

二八　「大正三年一月二十二日書堂状況報告」『在外朝鮮人教育関係雑纂（教育補助金支給）』

二九　大正四年四月六日「間島書堂状況報告ノ件」『在外朝鮮人教育関係雑纂（教育補助金支給）』

三〇　外交資料館所蔵外務省記録『在外朝鮮人教育関係雑纂（教育補助金支給）』「間島内ニ設置セル書堂状況調査表」大正三年十二月

三一　外務省通商局『支那ニ於ケル外国人経営ニ係ル公益的施設ニ関スル調査報告』一九一七年四月　159－179頁「満洲国」教育資料集成／「満洲国」教育史研究会監修・編集『満洲・満洲国』教育資料集成　二十二欧米人教育』エムティ出版　一九九三年

三二　東洋拓殖株式会社『間島事情』一九一八年　821頁

三三　昭和六年八月十八日　在間島総領事岡田兼一発朝鮮総督府外事課長穂積真六郎宛て「補助書堂建築工事ニ対スル中国側ノ妨害ニ関スル件」『在外朝鮮人学校教育関係雑件／吉林省ノ部　第一巻』

三四　『朝鮮史編修会事業概要』8頁

三五　今西龍（一八七五年八月十五日－一九三二年五月二〇日）は、岐阜県生まれの日本の朝鮮史家で京都帝国大学教授である。東京帝国大学卒して一九〇六年より慶州などで考古学的調査を行い、一九一三年秸蝉県碑を発見した。同年京都帝大講師となり、一九一六年助教授、一九二二年から一九二四年まで北京に留学した。一九二六年に京城帝国大学・京都帝大兼任教授となるが、五十八歳で死去した。

第四章　渡部薫太郎【教育】

一．はじめに

本章では、間島時代を経て後に満洲語学者になった渡部薫太郎を取り上げる。一八六一年九月二十日に奈良県に生まれた渡部薫太郎は一九〇八年二月に間島に入り、満洲語を習いながら、新聞通信部、居留民会書記、警察事務、朝鮮人学校日本語講師、大学講師などを経て、在職中に死去したとされる。このように様々な肩書を持った興味深い人物である。本章では彼の履歴に沿って時代別、主に間島での活躍ぶりを探ることにする。

二．龍井村居留民会書記時代

日露戦争後、南満洲を占領した日本は、地理的に朝鮮及びロシアと国境を挟んでいた間島が日本の朝鮮防衛、満洲進出、ロシアの脅威への対処といった面で非常に重要な位置を占めていると認識し、「朝鮮人保護」を建前に間島侵略を敢行した。そして、一九〇七年龍井村に間島派出所を設置するが、これにより日本人の定住者が現れ始めた。付言しておけば、派出所が設置されるまでは、調査や行商のために間島に出入りした日本人が多少いたのは確かで、後に所長となった齋藤季治郎も調査で間島入りしたことがあった。

当初は派出所の官公吏など関係役員の外、理髪・裁縫・洗濯・農丁・洋服店・雑貨商及び、酒楼・飲食店・風俗業などの職に従事するものがいたが、後にはその家族も来るようになった。

満洲事変直前までの間島の日本人を含めて民族別人口の推移は以下[一]のようになる。

間島地方民族別人口変遷　（単位：人）

年度	朝鮮人	中国人	日本人	外国人	合計
1907	71,000	23,500	100		94,600
1908	89,000	27,800	250		117,050
1909	98,500	31,900	270		130,670
1910	109,500	33,500	200		143,200
1911	126,000	35,200	170		161,370
1912	143,000	36,000	200		179,200
1913	161,500	36,900	240		198,640
1914	142,000	32,000	380	35	174,450
1915	182,500	38,500	295		221,295
1916	203,426	60,896	660	40	265,022
1918	253,961	72,602			326,563
1919	279,150		1,048		
1921	307,806	73,748			
1922	323,806	70,698	1,320		379,824
1923	323,011	77,709	1,942	356	403,018
1924	329,391	82,730	1,956	262	414,339
1925	346,194	82,472	1,978	143	430,787
1926	356,016	86,349	1,950	105	444,420
1927	368,827	94,960	1,963	96	465,846
1928	382,930	100,165	2,115	75	485,285
1929	382,405	116,666	2,083	88	500,398
1930	388,325	117,902	2,256	89	508,572

以上のように、間島で繰り広げられた朝鮮独立運動と間島の支配をめぐる日中の確執によって間島政局を不安定にした要因などから日本人人口の絶対数は多くはなかったものの、一九〇七年の一〇〇名から一九三〇年の二二五六名の二十倍以上の増加があった。

それでは、前の人口統計とは異なるが、龍井村の状況をみよう。

日本人ハ目下龍井村局子街頭道溝百草溝等ニ居住シ龍井村ノ現在二百名ヲ最多トシ百草溝ノ十一名ヲ最少トシ官吏九十四名ヲ合シ合計三百六十余名アリ在留民ハ日用諸雑貨販売業ヲ其重ナル職業トス[二]

この記載から当時の龍井村のことが把握できよう。渡部薫太郎は一九〇八年二月に間島に入って写真業を営みながら、満洲人に満洲語を習ったということから日本人が少ない時期に既に間島入りしたことが分かる。一九一九年四月に龍井村居留民会書記となるが、ここで龍井村居留民会について触れよう。

一九一三年八月、総領事館によって設置されたが、これが間島における初の日本人居留民会となった。日本は一九〇五年三月に「専管居留地及居留民団法」（居留民団法）が公布され、これによって各地に居留民団（以下居留民会）が組織され、日本の海外進出の拠点となった。「居留民団法」の規定によって居留民から税金に相当する営業課金、民会税及び使用料・手数料を徴収することができて、それを教育・衛生・治安・土木事業の経費に充てていた。その中で教育費が占める割合が一番高く、龍井村日本人居留民会の場合、一九一八年に33％、一九二〇年に46.7％、一九二二年に53.8％と総経費の半分以上を教育費に充てていた。勿論、間島の日本人学校の経費は民会費の外、授業料、外務省及び朝鮮総督府の補助金によって賄われていた[三]。つまり、渡部薫太郎は一九二一年六月まで間島教育と密接に関わっている居留民会で書記を担当し、教育にある程度の重要性を認識していたと推測できよう。

龍井村日本人居留民会は間島における排（反）日運動の最中で、次のように内田外務大臣に対策を依頼している。

近来不逞鮮人ノ跋扈益々甚シク曩ニ朝鮮銀行券十五萬円掠奪[四]ノ事実アリ今ヤ各地到ル処軍資金ノ強要盛ニ行ハル、モ之カ取締ニ関シ支那薫軍警ノ力ヲ借ラストスルカ如キハ樹ニ縁リテ魚ヲ求ムルニ等シク倒底信頼スルニ足ラス猶ホ彼等一般ノ鮮人ハ近ク武力式運動ヲ開始セムトスル企画アリト称セラレ人心不安ヲ免カレス此ノ際速ニ適当ナル方法ヲ講シ内鮮人ノ安寧ヲ図ラレムコトヲ切望ノ至リニ堪ヘス[五]

その後、同年の十月に日本政府は「間島出兵」を閣議決定するが、その背景には一九一九年の三・一三反日運動後に間島で繰り広げられた朝鮮人の反日武装独立運動もあるが、在外日本人を保護する団体である居留民会の要請があったからの理由も大きいだろう。

三．新聞通信部属託時代

彼は一九〇九年八月に北鮮日報間島通信部嘱託、一九二〇年八月に大阪朝日新聞間島通信部嘱託、一九二〇年十月に京城日報間島通信部嘱託、一九二四年五月には朝日新聞・朝鮮日報の通信員辞職と書いていることから、朝鮮日報の通信員にもなっていたことが確認できよう。

では先ず、彼が属託になった新聞社史について順番に見てみよう。

『北関新日本』は一九〇八年四月に浅岡重喜によって謄写版の週刊新聞として創刊され、同年八月三日に『北韓新報』に改題され、隔日新聞に、翌年の八月からは日刊新聞として発刊された。一九一二年二月に浅岡重喜から岡本常次郎に社長が変わって題号も『北鮮日報』となった。和歌山出身の岡本は清津商工会議所の特別議員、咸鏡北道の道会議員、清津府会議員、北鮮醤油株式会社の監査役などを歴任した咸鏡北道地域の有力者であった。

大阪朝日新聞は、一八七九年一月二十五日に『朝日新聞』が大阪で創刊され、発行元の朝日新聞社は一八八八年七月十日に東京へ進出し、『東京朝日新聞』を創刊した。大阪で発行される新聞の題号はその後もしばらく『朝日新聞』だったが、一八八九年一月三日に『大阪朝日新聞』と改題される。この状況は新聞統制により、一九四〇年九月一日に大阪朝日新聞と東京朝日新聞の題号を『朝日新聞』に統一するまで続いた。

京城日報は、一九〇六年九月一日に伊藤博文統監が統監府の機関紙として創刊したもので、その目的は「対韓保護政治の施措に就き之を中外に宣明し、誤認疑惑を一掃するため」とされた。日本語十二頁、ハングル八頁の新聞であったが、一九〇七年四月二十一日に朝鮮語版が廃止されたという。

大阪毎日新聞は、一八七六年二月二〇日に前身紙である『大阪日報』が西川甫の手により創刊するが、『日本立憲政党新聞』『大阪日報』の過程を経て一八八八年十一月二〇日に『大阪毎日新聞』に改題される。朝日と競争する形で全国紙への道を歩む。

朝鮮日報は、三・一独立運動以降の朝鮮総督府が打ち出した「文治政策」に呼応して、朝鮮人の大物実業家だった趙鎮泰の主導で朝鮮人経済団体の「大正実業親睦会」が中心となり、一九二〇年三月五日に創刊した。だが直ぐに資金面で行き詰まり宋秉畯が経営権を取得し、「皇城新聞」の元編集者でジャーナリストとして長く活動してきた南宮檍を社長として招き入れ編集を任せた。ほぼ同時期に創刊された東亜日報が朝鮮人への啓蒙や実力養成に力を入れたのに対し、朝鮮日報は日本や朝鮮総督府の政策に真正面から批判する報道が目立った。だが、方應謨社長の時代に総督府の教育政策を批判した紙面が没収処分を受けると論調が当局に協力的になるが、一九四〇年八月には総督府の言論統制の一環で廃刊となる。

当時間島における一九二〇年二月の各新聞社の通信員をみよう[七]。

通信員	本業	通信を為す新聞
山崎慶之助	間島時報[八]主筆	大阪朝日新聞
安東貞元	東満通信[九]主筆	大阪毎日新聞[一〇]、満洲日々新聞[一一]、京城日報
日高丙子郎		京城日報
渡邊《ママ》薫太郎	日本居留民会書記	北満日報[一二]
林尚楚	代書業	毎日申報

一九二五年一月七日時点における通信員は以下のようである[一三]。

大阪毎日新聞	大阪	安東貞元	間島新報社長、居留民会長
大阪朝日新聞	大阪	渡部薫太郎	満蒙語学者、永新中学校教師
京城日報	京城	々	
北鮮日報	清津	々	
北鮮日々新聞	羅南	是永秀孝	本業は電機マッサージ
東亜日報	京城	安容鎬	鮮人鮮文

朝鮮日報　京城　朴章煥　鮮人鮮文
京城毎日申報　京城　白奎憲　支局長鮮人鮮文

京都日報社は、通信員の設置について、
創立当時より龍山、釜山、仁川の各地に支局を設置し、通信及び営業の一部を取扱はしめ来りしが、明治四十四年七月更に之を拡張し平壌、大田、鎮南浦、清州、公州、群山及び鮮内各重要地、十余箇所を増設し、爾後時世の要求、土地の状況に依り多少の増減あり、大正六年十一月更に満洲各地に拡張したり尚支局を設けざる地方は、其の必要に応じて通信員を置き、重要事項の通信に当らしむ、又別に各地に販売店を設け、読者の購求に便にす。

と述べており、「時世の要求、土地の状況に依り」全部で三十二箇所に通信員を配置しているが、その中、満洲の哈爾賓、四平街、撫順、吉林、間島、営口と日本本土の門司にも配置していたことがわかる[一四]。特に満洲各地への拡張政策により、通信員の配置が多くなっていたことが確認できよう。通信員とは、新聞社・雑誌社・通信社などから派遣または委嘱されて各地の情報を本社へ知らせる人で、その仕事は今と変わらない。渡部薫太郎は『北満日報』の通信員から『大阪朝日新聞』『京城日報』『北鮮日報』と三つの新聞社の通信員となり、間島の情報を発信していたことがわかる。

四．永新中学校講師時代

朝鮮人は間島移住に伴い各地で書堂を設立した。朝鮮国内と同じように、伝統の儒学教育を行い、如何なる僻地でも子弟の数二十人に達すれば、大抵教育機関を設けた。このような情勢の中で、一九一〇年十月七日、龍井有志の協議によって、龍井新興村に広東義塾が設立された。土地の有力者に寄付された三間の茅屋の中で、四十人の生徒を迎えて開校し、朴茂林が校長となった。しかし、その設備から学制に到るまで万端不完全なる状態となり[15]、開校二年にして経営難に陥ってしまった。一九一二年九月十四日にカナダ長老会が広東義塾の経営を引継ぎ、永新学校と改称して、初等科四年、高等科二年の六年制の学校となった。一九一五年の教科目は朝鮮語、漢文、修身、算術、体操、地誌、千字文、唱歌であり、教師は崔和、生徒数は四十三名であった[16]。

間島地域における初等教育が盛んになったため、中等教育機関設立についての強い要求が出てきた。このような情勢の中で、長老会は中学校設立を計画し、教会本部から建設資金二万円と学校維持費八千円の補助を受け、一九二一年五月二十八日に基督教青年会の集会所を使って永新中学校を開校した[17]。

一九二〇年七月に尹和洙の活動によって、龍井有志の募金が集まり、旧校舎を取り壊してその跡に大校舎の着工が始まったが、日本の「間島出兵」により工事は中止となった。その後、資金繰りが困難となり経営危機に陥ったものの、信者から義援金を集めて乗り切った。一九二三年六月二十八日に女子中学部と女子小学部を併置し、永新学校は中学校五年制小学六年制に改編した。一九二四年四月東亜日報主催の在外同胞慰問会より金二千百元の寄贈を受けて維持困難も乗越えて第四教室まで増築した。

当時の間島ひいては永新学校の当時の困難な状況と更なる目的について学監である尹和洙は、間島地域の歴史と合せて次は次のように述べられている[18]。

> この地の歴史を言うと大変複雑で、これを簡単に言うと、檀君聖朝の旧境として高句麗の活動舞台の一部になり、渤海国の南京として女真族の根拠地になり、高麗睿宗の時に至り、松花江沿岸になる先春嶺に定界碑を建て、女真を北側に駆逐することによって完全に高麗版図に入り、その後何度も歴史的変遷があり、李朝粛宗の時に至り、韓清国境を確定するために両国全権大使が白頭山に登り、分水嶺上に定界碑を建立し、境界を画定したが、その碑文に書いた『西為鴨緑、東為土門』としたので、土門は即ち松花江の上流である。これからみれば、果然松花江以南がわれ朝鮮の版図だったことは確かな史実で、この点で間島と言えば、朝鮮の延長地帯

であることと、間島在留同胞と言えば、朝鮮人の延長であることを深く連想することを願う。

しかし、この土地が長い間空虚で荒漠になり、女真族の中で青太祖が崛起して西北間島を征服し、その住民を俘虜してその壮丁を八旗に編成し、其の他は皆軍役に隷属して各方面に守備を充用することによって人民は此れを避け四散闘争することになり、自然に空虚荒漠になる悲運に至り、また今から三百余年前に清太宗と李朝仁祖で国際協約を定め、彊域を厳守して私越を絶禁し、間島として両国の閒曠地帯と特設して両国間の国境問題を緩和させたが、間島という名称でこれから起因するものの一つである。それで、私達朝鮮人の手でその間島の宝庫を開拓し始めたのが最近50年までのことで、その時に私達は専制政治下で貪官汚吏の貪虐と横暴で聊生が無路にし、彼岸に楽土があるが、私越すると死刑になる国法があり、勝手に移住することができなく、丁度己巳、庚年の二大凶作に遭い、妻子は寒と餓耐え切れず、座って死ぬを待たず生を図ると人生の最後の欲望を抱負し、赤手空拳で年寄りと子どもを連れて江を渡って移住することになった。その時の間島を言うと、鬱蒼な森林は天日を塞ぎ、曠漠な原野には人跡が静かだった。唯数十戸の中国濃豪が地域別に勢力を占領して、行政司法を勝手に処分し、無法天地がなっている時期であった。その時であるこそ、私達の辛酸な生活と無惨な犠牲になったことは言葉として表現できないほど難しかったことは事実である。…このような困境においても千辛万苦を絶えながら自然を征服し、田野を開拓して漸次安楽な生活を得ることになり、絶え間なく朝鮮内地から移住する同胞が年々増加し、延吉、琿春、汪清、和龍の四県にだけ在住する同胞だけで30万以上を算出し、その所有土地が6万町に達し、同時に隠然に朝鮮人の白衣天地になり、家屋が多く、村が繁栄し、人口が密集し、その地域を旅行すると外国地域であるという考えは完全になく、朝鮮内地を回る感じを持つようになる。50年前に漂流した民族として、将来大陸の発展上根拠地と出発点になる地帯で主人公として自処することができる今日ができるとは誰が予測できたでしょうか。これが全て偶然に得たことは絶対ない。我々が無惨な血の結晶と辛苦な汗の価値で得た果実であると言っても過言ではない。

…従来の不十分な教育ではあるが、それを継続的にできず、数年来全てが衰廃の悲運に帰し、只今の間島の中央というべき龍井村に唯幾つかの学校が残っており、間島一帯と露領海参威と咸鏡北道等地から笈を負って龍井に留学する学生が数多く数千に達した。しかし、此れを収容する場所がなく、結局彼等が学ぶ道がなく、道路で彷徨号泣することになるその光景こそ教育当局者は勿論、彼等の父兄及び一般有志人士の心理はどうなるか。…それで十数年来朝鮮人教育に貢献してきた永新学校を一層拡張して中学校に昇格し、現在四百余名の学生を収容し、校舎の増設と設備の補充が目下の急務になり、微力を顧みず此れを機会がある限り、力がある限り故国父兄の方々に陳情し、深厚な同情と多大な後援を得なければならない。今私はこのような理想を持って故国父兄の後援を先ず龍井に広大な校舎を建築し、四方から留学してくる青少年達を遺憾なく収容し、将来の有為な人材を多く要請し、共に東満大学としての大学を建設し、朝鮮内地の文明を逆輸入する機会を挽回しようとする。

以上のことから移住朝鮮人は間島を朝鮮人の領土として、間島における教育を通して、朝鮮人固有の文化を発展させ、それを逆に朝鮮半島に輸出しようとした。付言しておけば、渡部薫太郎が間島で満洲語を勉強した理由も間島の歴史から読み取れよう。

一方、「職員生徒ハ常ニ不穏思想ヲ抱持シ表裏共不穏行動ヲ継続シツ、アリ[一九]」と永新学校は反日活動も活発に行われた。先述した一九二〇年一月四日、独立軍資金の募集に努めていた鉄血光復団員の尹俊熙・崔鳳雪らは、朝鮮銀行会寧出張所へ運ぶ銀券十五万円を奪取し、日本人警備員を殺害した「十五万円奪取事件」も本校の教師である尹俊熙の役割も大きい。

一九二三年の学事の概要であるが、生徒の月謝及同校後援会の寄付によって維持されている[二〇]。教科目は英語、国語（日本語）、朝鮮語、支那語、代数、算術、物理、生理、地歴、図画、体操、作文である。教師は七名、学級数は三で、生徒数は中学部男一〇〇名、小学部男三〇〇名である。これは当時の私立学校の中で最も大きい。例えば、天道教経営の東興中学校の学生数は中学男一一三名、小学男一〇五名であり、常に経営難に陥った永新学校より規模が小さかった。

渡部薫太郎は一九二二年九月から一九二四年五月までのおよそ二年間私立永新中学校の日本語教授嘱託として永新学中学校で日本語を教えていたのである。どのように教えたについては史料の制限により取り上げることはできないが、間島における学校で使用した教科書は「主として朝鮮総督府編纂のものを用ひ、地理、歴史等朝鮮の沿革に関係あるものは教師に於て教科書様のものを自書記述し、或は教授の都度教案を作り習得せしめつゝあり」[二]という状況であったことから、朝鮮内地と同じく「国語」教材を使用して母語話者である渡部が直接法を用いて教えたのではないかと思われる。

但し、ここで新聞通信部、居留民会書記、警察事務などで活躍した渡部薫太郎が反日学校として有名な永新学校で講師を務めることは外の意味があるのではないかと思われる。後に日高丙子郎が経営する光明会によって買収されるが、それは、日高がただの慈悲から永新学校を買収したのではなく、排日独立運動の拠点となっている永新学校を買収することによって、後患を除去するためであった。つまり、渡部薫太郎が永新学校の講師になる時から永新学校を買収しようとする準備があったと推測できよう。

五．満洲語学者時代

渡部薫太郎は、一九〇八年二月に間島に入り、年四十八歳にして写真業を開きながら満人或蔚に従い満洲語を学び始め、その後に満洲語学者として名が知られるようになる。龍井にいた一九一八年から満洲語関係の本を出版するようになるが、その業績は以下のようである。

渡部薫太郎編『満語学叢書第一輯　満語文典』（満語学叢書発行会　一九一八）

渡部薫太郎著『満洲語文典』（大阪東洋学会　一九二五）

渡部薫太郎編「満洲語図書目録」（『亜細亜研究』第三号　一九二五）

渡部薫太郎編『満日対訳佛説阿彌陀経』(『亜細亜研究』第七号　一九二八)
渡部薫太郎著『満洲語俗語読本』(大阪東洋学会　一九三〇)
渡部薫太郎編「満洲語綴字全書」(『亜細亜研究』第九号　一九三〇)
渡部薫太郎「琉球国進貢表と西域莊阿国降表に就て」(西田直二郎編『史学論叢―内藤博士頌寿記念―』弘文堂書房　一九三〇)
渡部薫太郎著『新編金史名辞解』(大阪東洋学会　一九三二)
渡部薫太郎著「女真館来文通解」(『亜細亜研究』第十一号　一九三三)
渡部薫太郎著「女真語ノ新研究」(『亜細亜研究』第十二号　一九三五)

渡部薫太郎の業績のうち、最初のものは一九一八年の「満語文典」である。この書にはまず次の「漢語学叢書刊行之辞」がある。

満人青年ノ如キハ自由ニ支那語ヲ操ツリ且ツ日常ノ動作殆ンド支那人ト異ルコトナク漢文漢字ノ教育彼等ノ裡ニ普及シ著々効ヲ奏スルヲ見ル時ハ半世紀ヲ多ク出デズシテ満語ハ自ラ廃語ニ帰シ僅ニ其ノ形骸ヲ書冊ノ上ニ留メ希伯来語及ビ其他ノ言語ト運命ヲ同フスル不幸ニ陥ラントスルハ識者ノ認ムル所ナリ…優勝劣敗ハ疑々乎トシテ生物界ニ行ハレ延ヒテ人類言語ノ上ニ行ハル故ニ不完全ナル言語又ハ劣等人種ノ言語ハ漸ヲ追フテ向上シ或ハ人種ノ滅亡ノ結果死語廃語ニ属セントスルハ止ムヲ得ザル者ナリトスルモ邦語ト語族ヲ同フスル隣邦満語ノ将ニ廃滅ニ帰セントスルハ大ニ惜ム可キニアラズヤ日露戦役ノ血痕未ダ乾カズ腥風北鮮ノ山野ヲ吹ク時**射利ノ目的ヲ以テ女真ノ故地即清ノ発祥地ト称スル間島ニ来リ偶支那文学ニ精通スル満人成蔚氏ト相知リ日満語学ノ交換教授ヲナセリコレ余ガ満語ヲ其物ノ性質及価値ヲ認ムルオ同時ニ射利ノ念ヲ棄テ専ラ満語ヲ修メテ文学界ニ益セント決心セリ**越テ二年余ガ志シ将ニ緒ヲ就カントスルヤ妻ハ祖先ト共ニ故山ニ永眠シ次女ハ慈母ヲ失ヒ又父ノ異郷ニ客タルヲ以テ日夜日独リ悲嘆ニ沈ム幸ニ義兄ト長女ノ為メ教養セラルノコ

トナリ再ヒ東都ニ上リ父ノ成効シテ帰朝スルヲ待ツ余ノ為メニハ悲願コレヨリ大ナルハナシト雖ドモ中途ニシテ当初ノ志ヲ変ズルコトナク夜間人定マルノ後往事ヲ追懐セバ感慨胸ニ逼マリテ断腸ノ思ヲナセシコト幾回ゾヤ然レドモ徒ニ悲嘆ニ沈ミコレヲ廃センヨリハ当初ノ志ヲ成シ親族ノ恩ニ報フル即社界ニ益スル者ナルヲ悟リ我悲嘆一掃シ志ナラズンバ止マザル可シト誓ヘリ然レドモ余ハ無資無産ノ徒終日コレガ研究ニ没頭スルヲ許サズ故ニ未熟ノ技ヲ売リ辛フジテ糊口ノ資ヲ得窮乏ニ臨ンデハ仁人ノ恩恵ニ浴シ書籍ノ必要ニ際シハ篤志ノ贈与ヲ蒙リ其ノ研究ヲ継続シテ今日ニ及ヒ纔ニ之ヲ筆シシ之ヲ口ニスルモ未タ其ノ堂ニ昇ルヲ得ズ仮ヒ満語ニ熟シタレバトテ之ニ由リテ有用ナル新知識ヲ得ルノ望ハ絶テナク徒ニ時間ヲ労力ヲ費シ所謂労シテ功ナキ業ニ従フヲ以テ人或ハ余ヲ評シテ愚者ト云ハンカコレ余ノ甘ンジテ受ケントスル所ナリ…
余ハ南満ノ一角辺陬ナル間島ニアリ無識ナル一个ノ田舎巡リノ写真師タル余ノ独力ヲ以テコレヲ大成スル容易ノ業ニアラズ…学士先輩ノ指導ヲ蒙ランコトヲ切ニ希フ…

大正七年五月十九日　渡部薫太郎

と、渡部自身の間島に渡った目的、満洲語を習い始めた契機、勉強する過程での苦労、満洲語を学習した経過が主として述べられている。また、「緒言」で

余カ満漢日対訳辞典並ニ本文典ヲ編集スルニ当リ間島領事鈴木要太郎氏朝鮮総督府警視末松吉次氏ヨリ甚大ナル援助ト文学博士白鳥庫吉氏及ヒ広島高等師範学校中目文学士ヨリ深甚ナル指導ヲ蒙レリ爰ニ満腔ノ熱誠ヲ以テ此ノ恩恵ヲ感謝シ併セテ我カ窮乏ヲ助ケラレシ仁人ニ感謝ス

間島ニ於テ　薫風　識　大正七年五月廿五日

と、間島領事館の鈴木領事、朝鮮総督府の末松警視、広島高等師範学校の白鳥博士の支援と指導の下で出版できたと記している。著書の一作品目の出版に携わった肩書きから当時の政治的背景が確認できよう。間島地域は法律的

には清国領土ということで、日本の領事館が設置されたが、朝鮮人が多く住んでいることで、朝鮮人保護という目的で朝鮮総督府も深く関わっていた。

彼はその九年後の一九二六年に「大阪外国語学校蒙古語部の学生に、満洲語を講じ居るを以て、其教科書に充てんと欲し、旧著を訂正し」て、新しく「満洲語文典」出版したのである。

本書の自序で彼は次のように述べている。

余は曩に支那吉林省延吉府龍井村在留中、瀕死の満洲語として回春せしめんと欲し、満語学叢書の刊行と企て、その第一輯として満語文典を出版した。是れ大正七年五月の事で、今より約九年前であった。当時余は現時の如く赤貧洗心が如くなりし故、満文活字の製作迚も得て望む可くもあらず、鞕使を旨とし、自ら鉄筆を揮ふて原稿を書き、謄写版を以って自ら印刷せしが、字体明瞭を欠き、誤写多く。辞句亦練れざるを知り、他日之れが訂正をなさんことを約した。然し其機なく今日に及んだ。余は大阪外国語学校蒙古語部の学生に、満洲語を講じ居るを以て、其教科書に充てんと欲し、旧著を訂正し、急を要する故、目下製造中の満文活字の成るを待たず、再び謄写版印刷に附したるは本編で、題して訂正満語文典といい、…。本編に於ては、鴛渕文学士の厚意と尽力により、一々之を示すを得たるは誠に学者に益する多きを以て、茲に感謝の意を表すのである。

…

西洋人の満蒙に関する著書は少くない。余が知り得る範囲の語学に就て曰へば、俄には十八種の著書あり、佛には十五種の著述あり、獨には十種あり、英には七種ありて五十二種の著を算する。その着眼も早いが努力も亦大なりといふべきである。然るに吾人は東洋人として、隣邦言語の生命が旦夕に逼りつ、あるを顧みず自然消滅に委するは、学界の大損にして誠に遺憾此上なしである。此れが消滅を防止し回春の術を講ずるのは、吾人の尽すべき情誼と痛感するを以て、各界の人士に向ひて、満語研究を高唱する所以であって、本編の発行も此の目的を達せんとする一助である。此の書にして余が期待するが如く語学の津梁となれば何ものの幸福か之に如かんやである。

> 大正十五年七月下浣
> 大阪天王寺寓居に於て
> 著者識

と、露・仏・独・英各国の満洲語の著五十種類ある中で、東洋人として隣邦言語の消滅を防止させるため、満洲語研究を高唱し、語学を通してアジアの架け橋になることを期待していることがわかる。

三番目の著書が『満洲語図書目録』でその「緒言」は次のようである。

> 満洲語なる者は、満洲人の言語にして支那語とは全く異り、反って邦語とは密接の姉妹関係あり、余等の大に研究を要する者なり。…其語や死に逼まり、其書や朽腐に委せられんとするに際し、これが蘇生と保存の道を講するは、日本の学界の当に粛す可き義務なるべし。此の義務を果す可く、我が大阪外国語学校に於ては之を教へ、且つ書類八百数十巻を蔵するは、外に向いて驕りとするに足る。而して満洲語図書に関しては、二三外国人の著ありと雖も、我か国に此の種の著述あるを聞かず、故に余や自己の浅学寡聞を顧みず、目録を編し部を分ち種に従ふで小解を施せりこれ素より完からすと雖も、満洲語図書なる者の、如何を伝へ得れば、之に勝さる幸なかるべしと信ずるによる。
>
> 大正十四年二月　編者識

と、満洲語の蘇生と保存は日本人の役目であり、特に大阪外国語学校で満洲語を教え、また書籍を多数所蔵していることに誇りをしているとしている。

四番目が『満日対訳　佛説阿彌陀経』である。

> 余が満文阿弥陀経を以て満洲語の教材となした由縁を弁じよう。満文の書籍としては四書五経は勿論。稗史小説もあり又支那名家の文集を満訳したる者もありて決して書籍には乏しくない。尚其上七百数十巻を数ふる満

訳大蔵経もある。然し従来満語を学ぶ者は其の教材を佛典以外の書より取り佛典よりは故さらに之を取らさるの感がある。
余は佛典に目を晒らさんと欲したことが久しくあったが此の種の典籍を得ること難たかった。幸に三に四の佛典を得て之を読むに、其の用語の単調にして語学の教材とするに頗る適当を知った。故バイブルを語学の教科書となしたる例に倣い、特に阿弥陀経を撰で之に利用したのである。
此の経文の用語は其数九四百五十種程で、之を巧に用いたるに過きない。其の中には印度系なり西藏系の言語あるも何れも専門的なるを以て大に記憶し易すく、尚語彙を附し往々之に類澤を施し他意を示してある。是れ全く他日此の種の典籍を繙どかん人の便利を思ふの切なるより此に及んだのである。希くは佛典を読むと同時に満語を学はれんことを。

昭和三年九月廿五日

渡部薫太郎識

と、仏典を持って教材にした理由を淡々と語られている。

五番目に著書は『満日対訳阿弥陀経』で彼は「緒論」で次のように述べられている。

従来満洲語ノ教科材料ハ満訳セル支那書ヨリ選択採取セシニ過キサルカ余ハ満語研究ノ目的ヲ以テ満漢対訳ノ阿弥陀経中ノ満文ヲ取ツテ邦語ニ訳シタ。此ノ経文ハ支那ニ流行スルモノデ即浄土教ノ三部経ノ一デアル。而シテ此ノ経ハ満漢何レニモ訳者ノ名ヲ省略シテアルガ、満文ハ乾隆帝ノ御訳デ漢訳ハ亀茲三蔵鳩摩羅什ノ訳デアルコトハ疑フ余地ハナイ。…今年夏京城ニ遊ヒ京城大学小倉進平教授ノ秘蔵セルニ種ノ阿弥陀経ヲ見タ。

昭和三年九月

ここでわかることは京城大学小倉進平との付き合いがあるということであろう。

六番目の著作が『満洲語と其綴字に就て』である。

…余は日露戦役の直後、吉林省東辺延吉県に在留し、満洲語と研究し始めたのである。此の時は余は齢天命を知る近く、人生の終りに近づきつゝ、ありしを以て。人或は余を愚と評し、又八十の手習と冷笑したが、之に耳を借さず、今日までこれが研究を継続した、即廿幾年間之に従事して来たのであるが、未だ堂には上られぬ。然し生命の有らん限り之をなし、臨終の際には、常に愛誦する満洲語のバイブルの或る数句を誦して、此の吉を去らんことを願ふ、即死そて後止むの決心を以て、余は数年間、大阪外国語学校の蒙古科の学生に、満洲語を教授して居る。既に同語の卒業生は満蒙の地に散在して大いに活躍せる者も可なりある。彼等は間接直接に満洲語を使用して居るを耳にする時は大いに意を強するに足るではあるまいか。既に大阪外国語学校に於て満洲語を教授してより、或は学校に於て、或は個人的に之を研究する有志は日本全国各地に生したるは、誠に慶賀に堪へぬ次第である。又支那の学校に於ても之か研者を出したる事実もあるは、是又同語蘇生の曙光ともいふ可き次第で、慶賀の至りである。…余は満洲語の書籍を編述し、之を研究せんとする人に、提供せんと欲し、其の第一歩として大正五年に満文典を出版し、大正十五年には、改訂満文典を出版し、此他に辞典出版の進行中である。…

昭和五年二月一日　　渡部薫太郎識

と、満洲語を続けて勉学しようとする決心から、大阪外語学院出身の満洲語学者が多く出ていること、また次なる辞典出版を準備していることが綴られている。それに添えて満洲語の勉強方法も言及している。

七番目は一九三一年の『新編金史名辞解』である。従来の序は全て本人のものであったが、本書では大阪東洋学会長の中目覚[二四]によるものであった。

…渡部薫太郎君は篤学の士なり。我校に於て満洲語を講ずる傍、著述等身悉く不朽の文字なり。而して今や「新撰金史名辞解」の著あり。語詞の排列宜しきを得、意義明確、学著の研究に資する甚大なるものあり。此の人にして始めて此の業を成すを得たるなり。今後金史を攻むる学者に対し一大光明を与へたりといふべし。渡部君来りて余に序を請ふ。余が二十年の待望始めて就る。豈黙して止むべけんや。乃ち以て序となす。

昭和五年十二月廿七日
大阪東洋学会長　中目覚

八番目が『女真館来文通解』で、九番目が『女真語ノ新研究』である。

序文に代へて

余が此の編を草するに用るたる参考資料は書中に示す如く僅かに数種の書物に過ぎない。此の他に断片的の者は有りても其物の性質が余の研究目的に副はぬ故に採らぬ事にした。之を以て余が研究が一方に編したとの批評を蒙るかも知れぬが骨董的材料の賞鑑は其の道の達人に一任し、余は余が本領とする語学方面より、之を見て以て僅少なる材料により窄く深く研究したる結果は即本編である。故に之に対し大に非難する人の何れは豫め之を期し又之を耳受し、他山の石を以て我か玉を琢磨せんとするから、其の批評を聞かんと欲して止まぬ。余か用いたる外に外人の手になる者の中で、女真語や女真民族に関する書籍は数種あるが、何れも稀有に属し価も賎しからず。余の如き貧生は迚ても容易に之を手に入れることは不能である。余が外人の手におきるものに頼らず、此の編を草したのは東洋語学特に朝鮮満洲及蒙古方面の言語は勿論のこと、風俗習慣などの研究は当さに日本人のなすべき任務で何かと主張し、唯グ氏本のみを用いた。人或は曰はく是れ誠に避見であると或は然からん然れども近を棄て遠きに求むるよりは近きに探求するに如かすと答へ度いのである。

此の編を活版印刷に附せんと欲し、原稿を示し印刷屋と相談せしが一ページ内に同一文字か二十も三十も何りては貧弱なる活字ケースでは印刷か出来きぬと断はった。是に於て止むを得ず謄写版印刷とし、余は自鉄筆を揮ひ、原紙に本文を書きしを以て誤字脱字又は不鮮明の点なしとせぬ。読者之を諒とせられんこと希ひ、所懐を述べて序に代う。

昭和十年一月五日
著者

上原は渡部の作品を分析して次のように纏めている。

…総じて言えることは、言語学的な基礎教養を身に着けていないことが、折角の満洲語の知識を、実用的語学の範囲に止めて来たのである。文典をはじめとする諸研究が、十分に理論付けられていないし、体系付けられていないことの原因が、ここにある。もっとも言語学的理論が現在ほどは普及してはいなかった当時にあっては、正規な学問の道程を辿ったのでない渡部にとって、あれ以上希望することは無理であろう。彼の経歴からするならば、むしろ誠に敬服すべきものでさえある。普通なら著述の一つや二つは達成を見ているはずの48歳という年齢で、言語の学習に発起するということさえ異常であるのに、その満洲語へ注いだ情熱は年一年と激しく、あらゆる逆境を越えて、ひたすらその初志を貫いて一生を終えたその生涯は。ただ頭の下るだけである〔二五〕。

と満洲語研究者として「その尊い学問に無限の敬意を捧げつつも、なお批判の言を述べざるを得ない所に、学問の道がある」と綴られている。

ここで付言しておくが、二番目の著作から大阪外国語学校の講師時代になる。まず、大阪外国語学校の歴史に触れよう。林蝶子女史が海運業で財を成した夫の遺産から文部省に寄付した百万円の資金をもとに、現在の大阪市天王寺区上本町八丁目一八七番地に創設された。一九二二年に四月十五日に入学式が挙行され、授業開始は四十七日で、支那、蒙古、馬来、印度、英、仏、独、露、西の九語部とし、修業年限を三年にした。一九四四年に大阪外事専門学校と改称され、当時の語科は、支邦、蒙古、タイ、マライ、インド、ビルマ、フィリッピン、イスパニア、アラビア、ドイツ、フランス、ロシア、英米の十三語科であった。外国語は専修語及び兼修語としているが、その

部			第一学年	第二学年	第三学年
蒙古語部	専	蒙古語	一〇	九	八
	兼	英語	三		
		支那語	八	七	六
		満洲語		二	二

中で満洲語は蒙古語部の兼修語であった[二六]。

渡部薫太郎は一九二五年から一九三六年度に満洲語を担当したが、それと合わせて一九二四年から一九二六年まで図書課事務を属託されると同時に同じ時期に臨時教員養成所でも事務属託として図書課を任された。つまり、彼は大阪外国学校の所蔵図書について詳しく把握していたことがわかる。その経験が一九二五年の「満洲語図書目録」の執筆に繋がったのではないかと思われる。

ここで言う「臨時教員養成所」とは、大正十二年四月五日文部省告示第二百六十三号を以て大阪外国語学校内に第五臨時教員養成所を設置し、英語科を置いて、同年五月四日英語科四十名に対し入学を許可し、七日に授業を開始したのである[二七]。

ここで主人公は一九三六年七月二十二日に講師在職のまま死去されるが、それと連動して一九三七年四月から蒙古語部三年の兼修語が、満洲語から露語となった。その理由は、

規程中満洲語ト称スルハ古代満洲族ノ用語ノ意ニシテ現今ハ殆ド廃語ニ近キヲ以テ之ヲ削リ、満蘇両国ノ関係ハ極メテ密接ナルノミナラス蒙古語ノ研究ニハ露国人ノ著書ニヨルヲ便トシ而シテ本校蒙古語部卒業生ノ大部分ハ満洲国内ニ就職シ又ハ事業ヲ営ムノ実況ナルヲ以テ同国国語タル支那語ト共ニ露語ヲ学習セシムルヲ要ス[二八]

と、卒業生の実用性から露語に変えてしまい、満洲語の保存、保護という主人公の夢は彼の死と共に、むなしく実現できなくなった。

六．おわりに

彼は四十八歳にして東洋人として隣邦言語である満洲語の消滅を防止させるために勉強し始めて情熱により、研究者・教育者になり、大阪外語学校での教育活動と著書を通して満洲語の保存に尽力した。また、間島では、新聞通信部、居留民会書記、警察事務、永新中学校の日本語教師などの活動を通して日本の間島統治に一定の役割を果したことも確認できよう。その中で朝鮮人私立学校の日本語教育に母語話者として、言語学者として影響を与えたに違いない。

最後に、渡部薫太郎（わたなべ　しげたろう）の大阪外国語大学庶務課保存の略歴をみよう。

一八六一年九月二十日　奈良県生まれ
一八八〇年八月－八二年五月　大阪川口英語学舎に於て英語を学ぶ
一八八八年一月－二十年十二月　大阪川口三一神学校に於て神学及び英語を学ぶ
一八九九年五月　通信事務員となる
一九〇二年八月　通信書記補に昇格
一九〇三年十二月　官制改革により廃官
一九〇四年二月　陸軍通訳となる
一九〇七年三月　御用済につき免官
一九〇七年八月－十二月　朝鮮軍司令部より浦塩地方へ特別任務につき派遣
一九〇八年二月　間島に入り写真業を開き、且つ満人或蔚に従い満洲語を学ぶ
一九〇九年八月　北鮮日報間島通信部嘱託
一九一九八年四月　龍井村居留民会書記となる
一九二〇年八月　大阪朝日新聞間島通信部嘱託

一九二〇年十月　京城日報間島通信部嘱託
一九二一年六月　書記長依願退職
一九二一年十二月　在間島朝鮮人指導のため、朝鮮総督府より警察事務嘱託
一九二二年九月　私立永新中学校の日本語教授嘱託
一九二四年五月　永新中学校講師、朝日新聞・朝鮮日報の通信員辞職、大阪外国語学校講師嘱託
一九二五年六月　満洲へ出張
一九三六年七月二十二日　講師在職のまま死去（七十六歳）

一　金珽実著『満洲間島地域の朝鮮民族と日本語』花書院　二〇一四年　3頁
二　「日本陸軍齋藤大佐ノ北満洲及ヒ露領浦塩調査報告書」陸軍大臣石本新六発外務大臣内田康哉宛て　明治四十四年十二月二十七日
三　外務省記録『在外本邦学校関係雑件』間島小学校　在間島総領事堺興三吉発外務大臣内田康哉宛一九二二年五月一日
四　一九二〇年一月四日、独立軍資金の募集に努めていた鉄血光復団員の尹俊熙・崔鳳雪らは、朝鮮銀行会寧出張所へ運ぶ銀券十五万円を奪取し、日本人警備員を殺害した事件である。
五　「龍井村　日本人居留民会ノ不逞鮮人跋扈対策要求」間島龍井村日本人居留民会発　内田外務大臣　大正九年一月
六　朝鮮新聞社『朝鮮人事興信録』朝鮮新聞社　一九三五年　94頁
七　一九二〇年二月十九日在間島総領事代理代理領事　堺與三吉発外務大臣内田康哉宛　外務省外交資料館 1-3-2-46_1_4_004　間島総領事館
八　間島時報は明治四十三年二月の創刊にして、間島領事館の公布機関で、大正四年朝鮮諺文挿入以来朝鮮開発上頗る良効果を与え一般に重要視され、隔日発行にして紙幅は普通新聞紙半折大四頁ないし六頁で、発行部数七五〇であった。
九　東満通信は大正四年三月の創刊にして隔日発行で、約菊版にして紙数凡そ六枚鉄筆版の印刷なり各地諸新聞の通信を主眼とするものにして発行部数八十である。

一〇　大阪毎日新聞：一八七六年二月二〇日に前身紙である『大阪日報』が西川甫の手により創刊するが、『日本立憲政党新聞』『大阪日報』の過程を経て一八八八年十一月二〇日に『大阪毎日新聞』に改題。朝日と競争する形で全国紙への道を歩む。

一一　一九〇七年十一月に満鉄は大連で『満洲日々新聞』を創刊した。最初、満鉄の総裁である後藤新平は大連で発行されている『遼東新報』を買収して機関紙にしようとしたが、拒否され、新たに新聞を作ることにしたのである。しかし、それは満鉄傘下の新聞社ではなく、表向きは満鉄と関係のない新聞として出発した。一九一一年八月により個人名義から株式会社になり、満鉄が多くの株を所有することにしたのである。

一二　既に長春で発行された謄写版新聞『長春日報』を一九〇九年一月一日に引き継ぎ発行人となった箱田琢磨が翌年の十月活字新聞とする。そして、一九一七年二月頃から活字新聞に改め、『北満日報』に改題し、箱田琢磨が社長になる。ちなみに、箱田琢磨は一八六七年十二月福岡県生まれで、一八九三年東京専門学校を卒業して、一九〇六年一月に満洲に渡った人である。北満日報は、一九二〇年一月からは京城支局が開設され、谷野満蔵が支局長に就任した。

一三　一九二五年一月七日在間島総領事鈴木要太郎発外務大臣幣原喜郎宛　外務省外交資料館 1-3-2-46_1_4_004　間島総領事館

一四　藤村忠助編『京城日報社誌』京城日報社　一九二〇年九月一日

一五　一光会『一光会会報』創刊号　一九四三年　28頁　『「満洲・満洲国」教育資料集成』十二巻に所収

一六　朝鮮総督府編『国境地方視察復命書』朝鮮総督府　一九一五年　87頁

一七　金正明編『朝鮮独立運動』第二巻　原書房　一九六七年　770頁

一八　『開壁』第十七号　一九二一年十一月一日「講演月旦」姜仁澤　速記「間島と朝鮮人の教育」間島永新学校学監　尹和洙氏

一九　不逞団関係雑件‐朝鮮人ノ部‐在満洲ノ部　三十一　機密受第十九号‐機密第二号一九二二年一月七日間島地方日本側施設及ヒ朝鮮人経営私立学校調査ノ件　堺與三吉（間島総領事代理領事）発内田康哉外務大臣宛

二〇　朝鮮総督府内務局社会課編『満洲及西比利亜における朝鮮人教育』一九二三年　59頁

二一　朝鮮総督府警務局編『吉林省東部地方の状況』朝鮮総督府　一九二八年三月　377頁

二二　しらとりくらきち（一八六五年三月一日‐一九四二年三月三十日）は、日本の東洋史学者、文学博士である。学習院教授（一八八六年－一九二一年）、東京帝国大学文科大学史学科教授（一九〇四年－一九二五年）を歴任し、一九二四年の東洋文庫の設立などに尽力し、東洋文庫理事長を務めた。

二三　五月に書いたということで、新緑の間を吹いてくる快い風を意識して薫風としたと思われる。他の著書名を渡部薫太郎としていることから間島居住時期にだけ用いた号であると推測できよう。

二四　中目覚（なかのめあきら、一八七四年－一九五九年）は日本の言語学者、地理学者。一八九九年に東京帝国大学の独文学科を卒業後、第四高等学校（後の金沢大学）でドイツ語教授をしていたが、一九〇三年に広島高等師範学校（後の広島大学）でドイツ語と地理学を教えるようになる。一九〇三年から三年間ドイツ・オーストリアへ留学をし、氷河地形や気候学を修得し、一九〇七年に広島高等師範学校に地理教育の課程を創設。その後、旧制松山高校、京都帝国大学などで地理学を講じた。また、戦時中には華北日本語教育研究所長をつとめ大陸での日本語普及を行った。その後大阪外国語学校（後の大阪外国語大学）の学校長をつとめ、言語学、古代文字解読、地理学と様々な分野に足跡を残した。主な著書に『樺太の話』、『士人教化論』など。

二五　上原久「渡部薫太郎の満洲語学（2）」『埼玉大学紀要』人文科学篇　十五巻　一九六七年　60頁

二六　大阪外国語学校編『大阪外国語学校一覧附第五臨時教員養成所一覧自大正十四年至大正十五年』大阪外国語学校　第五臨時教員養成所一覧　1頁

二七　大阪外国語学校編『大阪外国語学校一覧附第五臨時教員養成所一覧自大正十四年至大正十五年』大阪外国語学校　19頁

二八　大阪外国語大学七〇年史編集委員会編『大阪外国語大学七〇年史』大阪外国語大学七〇年史刊行会　一九九二年十一月　64頁

第五章　日高丙子郎【宗教・教育】

一．はじめに

二〇年代の間島教育にとってきわめて重要な存在であると考えられる人物が日高丙子郎である。日高丙子郎は長崎県壱岐の生まれ、一八九二年の若干十七歳で『戦争廃止、世界統一』の理想の下に『青年新聞』という週刊新聞を壱岐で発刊したが、三十五号を以って廃刊したという。その後、すぐに京都に移り、禅宗系の紫野中学に入学した。紫野中学は禅門高等学院とともに京都の大徳寺にあって、臨済宗の僧侶養成を目的としていた。当時の禅林の獅子と称せられた独園、滴水の下で禅を学び、一八九五年に上京して大道社に入社し、大道学館に入学するが[一]、その後間島及び満洲で名声を博することになる。

本章では彼の履歴に沿って間島でどのような活動をしたかを詳細に追求していきたい。

二．間島に渡った切っ掛け

日高が大陸に進出して間島に光明会を設立し、学校経営を行った切っ掛けは何であろうか。後に光明学園副園長になった工藤重雄は、「日高先生ガ間島ノ悲惨ナ状況ニ当面シ已ムニ已マレヌ慈悲カラ鳥尾将軍ノ憂国ノ意志ヲ骨トシテ弁栄上人ノ救世ノ仏心ヲ肉トシテ開設セラレタモノノミデアル」[二]と述べている。

つまり、鳥尾小弥太と山崎弁栄の影響が大きいことが確認できよう。鳥尾小弥太（一八四七年－一九〇五年）は政治結社日本国教大道社を設立した一人である。鳥尾は一八八八年に日本国教大道社を組織し、「大道叢誌」を出して神儒仏を国教とすべきだと宗教の指針を全国民に披露した。日高は壱岐の時代から「大道叢誌」を愛読していた[三]。鳥尾は日本の人口増加問題から間島へ進出し、北満の南東にある間島に一円に一千万人を受け入れる植民地を作ることを提案した人物である[四]。従って、日高が間島に興味をもったのはまさに鳥尾の影響であった。山崎弁栄（一八五九年－一九二〇年）は浄土宗僧侶であり、光明会の開祖である。山崎は自らの宗教体験をもとに「光明主義」運動を熱心に展開し、時代の宗教的かつ実存的な危機状況に対して応答しようとした[五]。日高と弁栄の接点については、一九一九年十二月三十一日に日高は知人の誘いを受けて当麻無量光寺に弁栄上人を訪ねる。そして、上人の念仏と人柄に打たれて入信したと日高の思い出で語っている[六]。日高は光明会の機関誌「観照」（一九三一年十二月）に「慈訓のかずかず」という題名で山崎弁栄の思い出を語っている[七]。

しかし、一九二〇年代までは日高は目立った活動をしていなかったし、日高もこの時期のことについてはあまり語ろうとしていなかったという。彼は一九〇六年二月に、参謀本部属託として中国東北の鉄嶺軍政署に勤務し、一九〇七年九月に間島天宝山で鉱山主任となる。天宝山を経営する中和公司は「間島問題の別働隊」と言われている[八]。日高は長谷川軍司令から機密金が与えられていた。一九一〇年七月には侍天教長となって寺内総督より機密費を受けたというが、活動については明らかではない。ただ、武田範之、李容九、日高が「固く手を握り生死を盟約した」[九]ということから一進会と関係があると推測できよう。日高が侍大教長になった時期といえば、「親清反日」団体である墾民教育会が設立されて、教育と帰化活動を通して反日運動を盛んに行われた時期である。「間島協約」以降、統監府臨時間島派出所が閉鎖され、一進会・侍天会の勢力も弱まり、一九一一年の調査では「目下会員最も多きも減少の状態にして不振の状態なり」[一〇]とし、一九一五年には「目下信徒尚ホ千三百余名ナリト称スルモ殆ント有名無実ノ情態ニシテ」[一一]いるという。このような事情もあって、語ろうとしないのも当然であろう。

その後、彼は海外日本実業者としても名が挙がっている[一二]。一九一二年に雑貨、穀物、売薬、銃砲、火薬を取り扱う「延吉洋行」に所属していたが、営業主であったか、支配人であったか、それとも主任であったかは明らかではない。しかし、「銃砲、火薬」を扱っていることから、その背景が予想できよう。彼は、寺内正毅、斎藤実、明石元二郎、渋沢栄一、井上準之助など錚々たる人物と交流があり、特に斎藤実とは家族ぐるみの付き合いだったという[一三]。

ところで、民族組織が勃興しつつあった間島では、本土での独立運動に力を吹き込み、反日運動を再興する兆しがあったため、日本は一九二〇年十月から一九二一年五月まで「間島出兵」を強行する。このような時期に日高は光明会の設立を画策するが、その具体案としては彼が著した『間島対策卑見』と『内鮮人融合機関卑見』に見られる[一四]。ここで彼は間島統治の難しさを分析し、内鮮人融合機関設立の必要性を訴えている。また、日本の政策の問題点を指摘し、武断的態度を取らず、あくまでも懐柔政策を主張している。そのためには間島に集会機関を設立し、道徳光明主義で中国人と民族主義者を日本側に引き込むことを提起している。

一九二一年十月七日に日高は次の「光明会設立許可願」を間島総領事館に提出した。その内容は、

> 民族宗教ノ範囲ヲ超越シ天下一家四海兄弟ノ本義ヲ実現シ在住内鮮支人ノ接近融合ヲ進メ共存共栄ノ情ヲ敦ユウシメ地上ノ天国理想ノ楽園ヲ間島内ニ現成スルタメ信神修徳奉公ヲ綱領トスル光明会ヲ組織シ漸次同志ヲ募集セシトス[一五]

するということである。その翌日の十月八日に堺在間島総領事代理領事から許可が下りた。

下述の記事でわかるように光明会は光明主義を挙げる団体である。

> 光明ノ大威神ヲ各自ノ霊台ニ受ケ入レ罪悪ノ闇黒ヲ払ヒテ浄潔円満心身ト成リ無限ノ平和無辺ノ幸福ヲ人間ヨリ拡メテ一切万物ト共ニ享受シヨウトスルノガ光明主義デアリマス
>
> 此ノ主義ヲ万邦ニ宣伝普及スルニ先チ多年権変ノ淵藪紛擾ノ巷衢ト目セラレシ間島ニ平和幸福ノ楽園ヲ現成シ東亜ノ亜留布斯タル長白山上ニ焦天ノ霊火ヲ揚ゲ光明ヲ将ツテ世界ノ幽闇ヲ昭破センコトヲ祈願致シマス謹デ

大方諸ノ賛助ヲ冀フ[一六]

このように、日高は鳥尾の思想の影響で間島に注目し、間島で日本人のユートピアを作ろうとした。そのためには精神的バックボーンが必要であった。それが弁栄の光明主義であった。光明会設立後日高は表だった活動を始める。苦学生のための寄宿舎、光明語学校、幼稚園、小学校、中学校などを経営し、事業にも手を伸ばすようになる。

三．学校経営

三．一　光明語学校

光明語学校は経営方針を「主トシテ青年以上ノ男女ニ内鮮支語を講習セシ当分ノ内各科毎夜二時間宛ノ教授ヲナス（将来ハ英語モ加フ）」[一七]とし、一九二二年二月十九日に龍井小学校内で開校式を挙行するが、一九二二年二月二十一日付け『間島新報』はこの式典を、「在間島日鮮の貴賓が一堂に列し、言々句々同校の前途を祝す、二百余の講習者又緊張して深く語学の必要を痛感せる如し、茲に国際的事業の端は開かる」[一八]と伝えており、開校式の様子が一面を飾っている。

設立当時の講師と受講者数は次の通りである。

同校講師　華語　羅商埠局翻訳官、楊桂亭、伊藤海関邦弁、尹正奎
　　　　　日語　市川普通学校校長、安澤小学校長、宮下、平山の両訓導、張星南、李徳俊
　　　　　鮮語　李教一、張星南
講習者　　内地人五十三名、鮮人七十七名、支那人十八名
学科別　　華語七十七名、日語七十九名、鮮語十六名
同校幹事　下見雄造、李海根、崔斗南

以上のように、光明語学校は日本語・中国語・朝鮮語をもって言葉を教える学校とし、出発した。講師として普通学校と小学校の教師がクラスを担当している。また、商埠局翻訳官までが教師として招かれたのは興味深い。受講者も日高の「光明会設立許可願」の内鮮支人の共存共栄の趣旨の通り、日本人、朝鮮人、中国人が含まれていた。最初は朝鮮人と日本人の比重が高かったが、時間が経つにつれて朝鮮人が多く占められるようになった。

その後の一九二四年の調査では、名誉校長として延吉道尹陶彬、名誉顧問として鎮守使吉興が挙げられていることである。また、一九二七年の調査では、朝鮮語がなくなり、その代わりに英語が新設されていることである。卒業者数を見ると殆どが朝鮮人で、中国人は十四名、日本人は七名に過ぎない[一九]。

間島地域の日本語熟達者が増えるに伴い、光明語学校は受講者数が少なくなったため、実業教育に変えることを計画する。「大正十一年開始以来の国語科希望者数は支那官公署員鮮支店主及び店員の外永新東興恩真私立中学生補充学習者多数なりしも其後市中に於ては漸次日語を解する者増加し私立中学校にても各自校に熟達の教師を聘用せるため現在にては上記の如き少数なり依って新学年度より実業補習者教育に変更し語学は其の一部の為さんと計画中なり」[二〇]という。要するに、光明語学校は日本語・中国語・朝鮮語を設置して出発したものの、二〇年代後半に入って朝鮮語という科目が廃止され、また受講者数も減少した。

しかし、満洲国以降のその経営は続いた。一九三三年五月末の調査[二一]では、教員数は八人、朝鮮人学生数は二四二人である。一九三四年三月末調査[二二]では、教員数五人、学生数は一五九人である。一九三四年十月には財団法人光明学園を設立して学校の経営を一体化し、各学校を光明学園師範部・中学部・小学部・実践女学部・語学部、高等女学部、幼稚部とした[二三]。一九三七年十二月、財団法人光明学園は「満洲国」の法人となった。それに伴って、語学部と実践女子部はこれまで通り光明学園の特別教育施設として、「満洲国」の補助を受けて授業が行われた[二四]。光明学園副園長である工藤重雄は、光明語学校の設立状況について「語学部（光明語学校―筆者註）ノ設立ハ日支官民ノ衝突日々ニ繰返サレテ血ヲ見ネバ止マナイ時代デアッタ」[二五]と述べている。このように、日本と中国の衝突にも関わらず、光明語学校が「満洲国」まで生き延びることができたのは不思議なことである。

日高は斎藤総督と家族ぐるみの付き合いであり、間島と日本の間をしばしば往復して、朝鮮総督府を訪れることが多かった。日高は光明会の設立に当り、一九二一年四月付け斎藤宛の文書[26]で、「機密費」扱いで徽章費・備品費などを請求している。また、斎藤総督本人から直接私金[27]をもらえたばかりでなく、総督を光明会の名誉会員として招くことができた。「日高ハ光明会組織ニ当リテハ朝鮮総督府側に鋭意渡リテ著クタル結果斎藤総督ハ自ラ私金ヲ与ヘテ其ノ事業ヲ援助セル」という。

日高の活動状況について外務省は、「在支邦人幾多ノ経営中克ク人身ヲ収攬シ得テ将来相当ノ効果ヲ齎ラスヘキモノノ白眉ニ位スルモノト認ム」[28]と高く評価している。「朝鮮総督府ニ於テ最初本会ニ対スル援助ニ身ヲ入レ外務省ニ口添迄シテ補助金ヲ出サシメラ」[29]れたため、援助金を受け取るのは容易だった。日高は外務省に対支文化事業資金として巨額の資金の支出を請求[30]している。

外務省では、一九二三年六月の調査を経て、「日高ハ本事業ニ対スル補助ヲ対支文化事務局ニ仰カントシ別紙願書ヲ提出シ居ル所同局ヨリノ補助困難ナル事情アルニ於テハ之ヲ在支鮮人保護取締費ノ機密費ヨリ支弁シ…尤モ対支対鮮関係及事業ノ性質上或適当ノ時機迄絶対ニ我政府ノ補助ナルコトヲ秘シ置クコト」と、在外保護取締費の中の機密費から支出することが決定された[31]。しかし、学校経営は順調にはいかなかった。一九二九年十二月一日の外務省亜細亜局第二課三浦書記官[32]によって光明会事業の不景気状況を報告している。その要因としていくつか挙げられているが、主なのは、「従来本省ヨリ毎年約一万五千円程度ノ内密補助ヲ与ヘ来レルヲ昭和三年度ニ至リ突如之ヲ打切リタルニ在ルハ疑フノ余地ナシ」とし、「同会ハ目下ノ処殆ント其ノ存在ノ意義ヲ失ヒ此儘ニテ推移スルトキハ自滅ノ他無カル可シ」と報告している。しかし、「光明会ニ於テハ現地ノ事業及必要ニ即シタル実際的教育ヲ旨トシ殊ニ日鮮支間ノ融合ヲ第一トスル点ニ於テ特色ヲ有」しているため、「本省カ同会ノ援助ヲ中止シタルニ非スシテ…本省ノミナラス総督府ヨリモ進ンテ物質的援助ヲ受ケシイルノ至当ナルヲ信スルモノナリ」と、日高を高く評価し、続けて外務省・総督府とも補助すべきことを訴えている。

光明語学校は、朝鮮総督府が日鮮融和のスローガンで経営する普通学校、補助学校とは異なる方式であった。つまり、朝鮮人と中国人に日本語を、朝鮮人と日本人に中国語を、中国人と日本人に朝鮮語を教えるという日鮮支融合の政策をとった。この政策の下で、日本語教育を重視しており、ここでの日本語は日鮮支融合の言語として教えられていた。言い換えれば、光明語学校は日鮮支融合のモデル校であり、そのため外務省・総督府は引き続き補助して、光明語学校を日鮮支融合の実験校として利用したのである。ここでの「日鮮支融合」は「満洲国」の「五族協和」に繋がるものであると推測される。

三．二　永新中学校

　前章で述べたように、永新学校は朝鮮人私立学校で、間島地方の大旱魃により経営難に陥った。日高は「排日独立運動ノ虎狼ノ群ヲ制スル」という方策によって一九二四年十二月に買収した。しかし、その買収は簡単ではなかった排日情勢の厳しい中、間島総領事館警察署は尹和洙などに有罪の採決を下すことで学校の買収が順調に進むようになった。また、この背景には朝鮮総督府と外務省の経済的支援があった。「大正十四年度、朝鮮総督府及ビ外務省ヨリ、臨時費経常費中ニ、補助ヲ得、四月一日ヨリ、光明会ニ於テ経営シ、爾後年々補助ヲ受ケ継続経営ス」[三三]という。つまり、日高が永新学校を買収した当初から在間島日本総領事館と朝鮮総督府と外務省は一体となって政策を行っていたのであった。

　永新学校は一九二三年六月二十八日に校内に女子中学校を併置して女子教育に励んだが、「厳重ナル家庭監視訓育無キ男女学生ヲ共学セシムルハ悪結果ヲ生ゼンコト」[三四]を理由に一九二五年八月にこれを廃止した。その後、学生たちは抗議しによって翌年の四月に日高経営の光明会は光明高等女学校を開設することにしたが、これは永新学校とは別の学校である。

　外務省記録には小学校と中学校の学則についての手帳が残されているが、それは朝鮮教育令（第二次朝鮮教育令期）によるものであった。「一視同仁」の聖旨により差別撤廃を全面に打ち出したが、その背後には「国語を常用する者」「国語を常用せざる者」、そして「国語を常用する者」は小学校に、「国語を常用せざる者」は普通学校にと区別している。そして「国語ハ普通ノ言語、日常須知ノ文字及文章ヲ知ラシメ正確ニ思想ヲ表彰スルノ能ヲ養ヒ兼ネテ国民タルノ自覚ヲ固クシ智徳ヲ啓発スルヲ以テ要旨」として国語はさらに強化された。永新小学校の教科編成と朝鮮教育令普通学校普通科の教科編成とを比べると、殆ど変わりはないが、永新小学校には「中語」という科目が入っている。ここからは日本側がかなり間島地域の状況に配慮していたと推測される。中国の領土である間島においてそれなりに地域の事情に配慮しなければならないのも当然であろう。

永新学校の学生たちは「日人手下では不学」と決議したにも拘らず、永新学校は買収される。就学者数について、間島地域の政治情勢によって変化するものの、常に数百名に達していた。その中で一九二八年五月と一九三一年の中学校の状況をみると、一九二八年五月の進学志願者は一九五名にも拘らず、合格者は一二〇名だけであった。一九三一年の進学志願者は一二六名で、合格者は六十一名である。また、永新学校には朝鮮と露領からの留学生も数多く存在した。一九二八年五月には二三一名の中で朝鮮からの学生は一〇五名、露領からの学生は二名在学していた。

日高は優秀な教員を招聘するのに力を入れた。一九二八年一月の中学校教員を見ると、日本人が四人で朝鮮人が十一名で、教師の殆どが教職経験者か専門学校の卒業生である。そして一九三〇年では、「中学部ニ於テハ主任教員トシテ内地中等学校ニ多年ノ経験ヲ有スル有資格者ヲ置キ其他ハ大学、専門学校卒業生及専門学科ニ就テ相当学歴経験ヲ有スル者ヲ配属セリ」「小学部モ亦主任教員ニハ内地ノ師範学校ヲ卒業シテ内地及朝鮮ニ於テ二十有余年ノ経験アル者ヲ採用シ、其他ハ三種訓導資格者三名私立中学卒業生三名ナリ」であり、その中で東京帝国大学法科大学卒業生である工藤重雄（詳細は次章で言及する）を招き、英語と法経を担当させた。そして後に光明学園副園長になる。これは単なる教育者としてだけではなく、ある意味では植民地支配の要員として招かれたのである[三五]。

一九三〇年一月二十三日に、外務省会議で「光明会ヲ法人組織ニ改メシ入事業ノ経費一切ニ付在間島総領事ノ監督ヲ受ケシムルコト」と「光明会事業整理方針」を決定した[三六]。そして、外務省は日高に事業自体を財団法人化することを示唆していた。それは、「年々多額ノ政府補助ヲ受ケツツアル同会ノ事業並財産ノ監督上」によるものであった。所謂「同会財産ノ管理ニ至リテハ現在ハ日高個人ノ名義タル以上其ノ死亡等ニ因ル財産主体ノ移動ニ依リ或ハ悶着起ラストモ限ラレサルヘキ所之カ防止策」として財団法人を設立することであった。しかし、「同会ヲ財団法人ニ引直シ其ノ帝国法人タルコトヲ社会ニ周知セシムルヲ憚リタル当時ノ対支対鮮関係」により中止されたものの、「今や事態ノ変遷ニ伴ヒ其ノ理由消滅シ公然日本官庁ノ監督下ニ在ルモノナルコトヲ表明スルモ最早支障ナキ時代」になったので、外務省の相場理事官は在間島瀧山領事に再び財団法人化することを提案している[三七]。つまり、中国の領土である間島の中国人と民族主義者を日本側に引き込むために、日高個人名義で光明会を設立したのである。総督府と外務省の多額の補助金にも拘らず、表面上はあくまでも日高個人の私金によって経営された。しかし、「満洲国」になった以上は既に日本の法域となったため、補助金を受けていた事実を隠す必要はなくなったのである。

そこで、一九三四年四月一日に日高は間島総領事経由で、民法第三十四条及び第三十九条の規定により、光明会育英事業全部を網羅して「光明学園」という財団法人許可を外務省に申請している[三八]。外務省においては、この申請は既に日高に指示している。また書式一切が完備しており、事業内容も確実にし、日鮮満人の文化的融合発展上有益であるため、一九三四年十月三日に起案し、十月五日に決裁された[三九]。

その後、在外指定校に昇格することになる。一九三四年三月二十六日に日高は「陳情書」[四〇]を在間島総領事である永井清に送っている。その内容は、「間島ニハ、朝鮮人子女ノ為ニスル中等学校ハ不完全ナカラモ私立男子中学四校、女子中学校二校ノ外、満洲国設立ノ中学校師範学校数校アリテ満鮮共学ヲ実施シ居レルモ日本人子女ノ為ニハ補習教育機関サヘ無キヲ以テ…現在ノ状勢ニテハ、単独内地人子弟ノ為ノミニ男女中等学校ヲ創設スルコトハ経費ノ関係上、近年内ニ実現不能ナルベク存ゼラレ候就テハ当面ノ便法トシテ朝鮮内地ニ於ケル内鮮子女共学ノ例ニ倣ヒ此ノ不便ヲ補ハバト存候…永新中学校、光明高等女学校ヲ指定校トシテ御認可ニ欲シ候ヨウ御副申御援助下サレ度此段陳情仕候也」である。つまり、あくまでも日本人子女のための在外指定校として申請しているのである。そして、在間島総領事と外務省亜細亜第二課とのやりとりの結果、一九三四年十一月二十八日に日高は永井在間島総領事を通じて、文部大臣松田源治と外務大臣広田弘毅に宛てて「在外指定学校許可申請諸」を送っている[四一]。在外指定学校の指定に関する規定第一条によって、学校の名称、学校の沿革、学則、教員の氏名及び履歴書などが書かれている。永井清在間島総領事は、「同学園近来其内容モ殆ト充実シ教職員ノ資格等ニ於テモ朝鮮内諸学校ニ比シ遜色ナキ次第ニ付右其ノ筋へ転達方可然御取計相成度此段申進ス」と述べ、強く許可されるよう申し出ている。一九三五年一月三十日、文部大臣と外務大臣から「昭和九年十一月申請財団法人光明学園中学部及財団法人光明学園高等女学部ヲ恩給法施行令第八条ニヨリ在外指定学校トシテ指定ス」と、中学部と高等女学部の在外指定学校の認可が下りた[四二]。その後、同年五月二日に小学部の申請も行い、五月二十日に在外指定許可が下りた。外指定学校制度の適用を受けた在外日本人学校は全部で七五一校であるが、光明学園中学部もその中の一つである[四三]。

一九三三年八月、満洲国の建国理念としての「五族協和」、つまり複数民族国家における多民族の統合を強化する目的により、「満洲国」に於ける帝国の治外法権を撤廃し南満洲鉄道府附属地の行政権の調整乃至移譲を閣議決定した[四四]。実際、「満洲国」全域が日本の「治外法権」地域となった以上、特殊な権益を保護する必要がなかったのである。上記の閣議決定に基づいて東京において、満洲国治外法権撤廃委員会を設立した。これに呼応して一九三五年二月、治外法権撤廃の準備工作を促すため、関東軍と日本在満洲国大使館及び「満洲国」によって治外法権撤廃現地委員会が設置された。一九三五年十二月四日に対満事務局関係者と現地委員会との間で、対満事務局において検討会議が開かれた[四五]。ここで、「満洲国」側と朝鮮総督府の在満朝鮮人に対しての意見が対立していた。それは、国籍問題ばかりでなく教育行政権委譲問題と互い絡んで対立したのである。翌年（一九三六年）六月十日、新京外交部において、植田謙吉日本特命全権大使と張燕卿外交部大臣との間で、「満洲国ニ於ケル日本国臣民ノ居住及満洲国の課税等ニ関スル日本国満洲国間条約」と「附属協定」が締結され、七月十日から実施された[四六]。

第一次治外法権撤廃の翌年（一九三七年）十一月五日、新京において植田謙吉日本特命全権大使と張景恵国務総理大臣との間に、「満洲国に於ける治外法権撤廃及び南満州鉄道附属地行政権の移譲に関する日本国、満洲国間条約」が締結された。これによって治外法権は全面的に撤廃され、満鉄附属地の行政権を「満洲国」に委譲し、また「日本国臣民」は「満洲国」の法令に服することになった[四七]。これに伴って、満鉄附属地の14ヶ所の学校を除く在満朝鮮人学校は「満洲国」の教育行政下に移譲された。学校の運営や教育内容は「日本国民」化教育を維持しながら、新たに「満洲国の構成分子」としての意識を強制的に植え付けるための教育を実施することになる[四八]。

こうした情勢の中で、光明学園が「満洲国」の法人となるのは必定であった。しかし、在外指定学校問題と補助費問題などが絡み合い複雑になった。そこで、川村在間島総領事は以下の理由で光明学園中学部と女学部を日本側に保留し、学校組合連合会経営下に置くことを、広田外務大臣に提案[四九]している。また、「満洲国」文教部においても主義の問題としては日本側に保留しても異議はないが、唯だ経費を「満洲国」が負担する以上は「満洲国」行政下に置くべきだとしている。そして、殆ど在満朝鮮人が官吏となっている間島省文教部も、中学部・女学部は日本側に保留することを最も得策としていた。以上に対し、植田大使は治外法権撤廃方針の通り実行することを強調した。結局、光明学園は「満洲国」の法人となり、中学部は「満洲国」省立高等国民学校に、小学部は「満洲国」公立学校に変わった。光明学園が「満洲国」の法人となると同時に在外指定学校が取り消され、補助金も「満洲国」側から受けることによって決着がついたのである。そして、光明学園の「満洲国」委譲と共に光明学園についての記録も外務省から姿を消した。

四．おわりに

日高の「理想郷」建設は参謀本部政策の一環として「光明会」という宗教を以って間島朝鮮人を統制しようという思惑があった。一方、日中両国の支配下でもがいている朝鮮人は、生活基盤である間島において、日中との対等な関係及び平和な生活を求めていたので、日高の「理想郷」に共感したのである。この「理想郷」建設は日高と間島朝鮮人との間の「同床異夢」であったと言える。

日高を称える言葉が再び登場するのは満洲国成立以降である。一九三三年五月十二日の『北鮮日報』に「光明学校師範科近く復興さる　満洲国教育界への人材養成　日高氏の犠牲的努力」というテーマで、「間島における朝鮮人子弟教育のためその一生涯を犠牲にし間島開拓以来献身奮闘している間島の草分日高丙子郎氏と言えば恐らく当地は勿論内鮮地に於いてもその名は一般的に知られているが日高氏の経営に属する龍井光明会では昭和二年以来休学中の光明師範科を今回復興せしめ其の内容を充実して満洲国建設の機運に伴う人材を養成するところなり既に各方面より専門家を招聘してその準備に着手し近く開校する筈にて同師範科は専ら満洲国の国民教育に奉仕し農村振興に寄与し以って王道楽土建設の聖業を扶翼するに足る有為な人物を養成するを主旨とし将来には中堅青年子弟を中心に知識階級をして満洲国に対する基礎知識と訓練を受くべき機関を設置する計画である因に今回復興される師範科生は日、鮮、満人を通じて男女三十名とし…」という記事を掲載している。

この記事によると、日高のスローガンは間島での理想郷建設から満洲国での王道楽土建設への変わっていったのである。つまり、日高丙子郎の日鮮支融合は満洲国の五族協和につながり、間島は五族協和の実験場であったのである。王道楽土建設が直接的な理由か否かは判然としないが、その後、長春（新京）にある、鄭孝胥の王道思想を講義する王道書院に行き[五〇]、敗戦後は混乱の中で暴徒に襲われて死亡したという。

最後に、外務省記録に綴られている彼の年表[五一]を見よう。

日高丙子郎年表

一八七六年十月二十五日　長崎県壱岐生まれ
一八九五年　大道社に入社　大道学館に入学
一九〇四年二月二十五日『大道叢誌』の編集人
一九〇六年二月　参謀本部属託として中国鉄嶺軍政署に勤務（高等官待遇、尉官相当官）
一九〇七年九月　間島天宝山で銀銅鉱山主任となる。長谷川軍司令官より機密費を受ける
一九一〇年七月　間島侍天教長となる。寺内総督より機密費を受ける
一九一六年十月　寺内総督が内閣総理大臣に転任したことより機密費支出は中断されたが、寺内の紹介で神戸

一九二二年二月　鈴木商店の属託になる
　『間島対策卑見』を著す
　三月二十一日　『内鮮人融合機関設立卑見』を著す
　十月七日　「光明会設立許可願」を間島総領事館に提出
　十月八日　在間島総領事代理領事堺より許可がおりる。光明会設立

一　大浦貫道「日高丙子郎」『芦辺町史』一九七八年三月　1094頁
二　『日本外務省特殊調査文書』第六〇巻　高麗書林　一九八九年　332頁
三　大浦貫道「芦辺町の先覚者　日高丙子郎」『芦辺町史』一九七八年三月　1095頁
四　同前　1096頁
五　鵜澤潔「山崎弁栄と「光明主義」運動」『倫理学』筑波大学倫理学原論研究会　一九九七年十二月　107頁
六　「山崎弁栄の追憶　日高丙子郎談　昭和八年一月頃」『光明』平成六年一一月・一二月号　第七二一・七二二号　光明会本部
　槻木瑞生「アジアにおける日本宗教教団の活動とその異民族教育に関する覚書——満洲における仏教教団の活動」『同朋大学仏教文化研究所紀要』二十二　二〇〇二年　14頁より再引用
七　善光寺編山崎辨戒『辨榮上人の思い出』一九八三年六月
八　『朝鮮総督府始政二十五周年記念表彰者名鑑』朝鮮総督府始政二十五周年記念表彰者名鑑刊行会　一九三五年　林雄介「中朝国境と日本帝国主義　朝鮮人親日派問題」季武嘉也編『日本の時代史二十四　大正社会と改造の潮流』吉川弘文館　二〇〇四年より再引用
九　大浦貫道「日高丙子郎」『芦辺町史』九七八年三月　1094頁
一〇「間島及琿春地方状況ニ関スル件」在間島吉田憲兵大尉報告　憲機第一二四七号『間島視察関係雑件』
一一　朝鮮総督府編『国境地方視察復命書』朝鮮総督府　一九一五年　70頁

一二　外務省通商局『海外日本実業者の調査』復刻版　第二巻（大正元年十二月末現在）不二出版　二〇〇六年
一三　槻木瑞生・北原拓也「中国吉林省間島光明学校の展開」阿部洋研究代表『戦前日本の植民地教育政策に関する総合的研究』平成四・五年度科学研究費補助金（総合A）研究成果報告書　一九九四年三月
一四　斉藤実著『斉藤実文書』第十一巻　高麗書林　一九九〇　650－688頁
一五　「光明会記実－光明会設立許可願」外務省記録「光明学園関係一件」
一六　「光明会ノ趣旨」外務省記録『光明学園関係一件』
一七　「光明会記実－光明会事業経営方法」『光明学園関係一件』
一八　「間島新報」大正十一年二月二十一日『光明学園関係一件』
一九　「間島新報」「大正十三年十二月十五日光明会状況報告」「光明会概況」『光明学園関係一件』
二〇　「光明会概況」『光明学園関係一件』
二一　辛珠柏編『日帝下支配政策資料集』一巻　高麗書林　一九九三年　91頁
二二　同前　384頁
二三　「高裁案」『光明学園関係一件』
二四　「光明学園ノ措置ニ関スル件」昭和十二年十　月十六日『光明学園関係一件』
二五　『日本外務省特殊調査文書』第六〇巻　高麗書林　一九八九年　333頁
二六　『斎藤実文書』第十一巻　高麗書林　一九九〇年　633－649頁
二七　一九二四年十月十三日、斎藤総督が龍井を巡視したとき、日高に1万円を渡している。『子爵斎藤実伝』第二巻　斎藤子爵記念会　一九四一年　829－830頁
二八　「間島光明ニ付テ」大正十一年六月十五日亜細亜局第三課調『光明学園関係一件』
二九　「間島光明会ニ関スル件」昭和四年十二月一日：「間島新報」大正十一年二月二十一日『光明学園関係一件』
三〇　「御願」大正十十二年五月二十三日『光明学園関係一件』

三一　「光明会事業補助ノ件」大正十二年五月二十八日『光明学園関係一件』
三二　「間島光明会ニ関スル件」昭和四年十二月一日『光明学園関係一件』
三三　「永新学校沿革大概」『光明学園関係一件』
三四　「永新学校経営状況」『光明学園関係一件』
三五　稲葉継雄著『旧韓国の教育と日本人』九州大学出版会　一九九九年　312頁
三六　「光明会事業整理方針」『光明学園関係一件』
三七　昭和七年十一月十一日在間島瀧山領事宛相場理事官書簡『光明学園関係一件』
三八　「財団法人光明学園設立許可申請書」『光明学園関係一件』
三九　「高裁案」『光明学園関係一件』
四〇　「陳情書」『光明学園関係一件』
四一　昭和九年十一月二十八日永井清在間島領事発外務大臣広田弘毅宛『光明学園関係一件』
四二　「官普二九〇号」『光明学園関係一件』
四三　北原拓也「在外指定学校制度の成立と展開－戦前の海外日本人学校の歴史（一九〇二－一九四六）」『「満洲国」教育史研究：日中共同研究』No.1　一九九三年五月　128頁
四四　満洲国通信社『満洲国現勢』復刻版　康徳三年　クレス出版　二〇〇〇年　17頁
四五　「昭和十一年三月治外法権撤廃現地委員会決定要綱の説明に関する対満事務局関係各省事務官及現地主任者会議議事録」日本国立国会図書館憲政資料室所蔵『大野緑一郎関係文書』
四六　満洲国編纂刊行会『満洲国史　総論』第一法規　一九七〇年　98－500頁
四七　同前　501－504頁
四八　在満朝鮮人の教育方針は、「在満朝鮮人に対する教育は、日本人たる本質の下に満州国構成分子として、建国の本旨に合致する如く之を実施するものとする」である。

四九　昭和十二年十月十七日川村在間島総領事発広田外務大臣宛『光明学園関係一件』
五〇　満洲国史編纂刊行会『満洲国史　各論』一九七一年一月　1136頁
五一　外務省外交史料館所蔵　外務省記録［I-1-5-0-15］『光明学園関係一件』による。

第六章　工藤重雄【教育】

一．はじめに

「満洲紳士録」に本研究の主人公である工藤重雄の履歴が載っている。詳しくは以下のようになる。

工藤重雄　勲八等、光明国民高等学校長、龍井協和義勇奉公隊長【出生】明十七・三【本籍】熊本県伊倉町【学歴】大元東大経済学科卒【経歴】京城商業会議所調査課長京城高商講師京城株式取引市場営業課長永新中学教員光明高女校長財団法人光明学園高等女学部長等歴職康徳五年一月間島省立光明女子国民高等学校長六年二月現職同七月任公立国民高等学校長同校勤務薦任二等【住所】間島省龍井街其学校[1]

ここでまず、東京帝大出身の高学歴の彼がどういう目的で朝鮮半島から間島に渡ったのか、また、光明学園といえば、「民族宗教ノ範囲ヲ超越シ天下一家四海兄弟ノ本義ヲ実践シ在住内鮮支人ノ接近融合ヲ進メ共存共栄ノ情ヲ敦カラシメ地上ノ天国理想ノ楽園ヲ間島内ニ現成スルタメ」を趣旨としている光明会から発展し、一九三四年に財団化したもので財団を含めて間島での彼の役割は何であったに疑問を持つ。彼に関する疑問点を解いていく中で、一個人ではあるが、日本の間島政策が明らかになるのではないかと思われる。本研究では、関連研究などを踏まえて工藤重雄の朝鮮での活動、間島に渡った切っ掛け、日本語教育及び教育観などについて触れたいと思う。

二　朝鮮での活動

工藤重雄の最初の活動地域として出てくるのが朝鮮である。まず工藤家の長男工藤武城、次男工藤忠輔の履歴を見よう。

工藤武城　京城婦人病院長　医師
原籍　熊本県玉名郡伊倉町
現住所　京城府北米倉町　電話一四五三号
君は明治十二年五月一日生る三十四年第五高等学校医学部を卒へ東京産科病院医員となり傍ら外国語学校に通ひ三十五年卒業翌三十五年卒業翌三十六年独逸に渡りバイエルンヴイツブクル大学に学び産科婦人科教室附を命ぜらる三十七年三月同大学卒業三十八年三月論文提出ドクトルメヂーネゲルマンカ学位を受け四月ブロイセン伯林大学婦人科に転じ傍ら博言学者シュモルケ博士に就き羅典語をベルトウィビ博士に就き胎生学をセランダウ博士に就き女子泌尿器学を研究す同年十月帰朝し十二月漢城病院産科婦人科部長に聘され京城に来る其後同院を辞し現病院を開設今日に及ぶ
家庭には夫人八重子（明治十五年十一月生）長男和雄（大正四年十二月生）長女諒子（同二年七月生）二女即子（大正三年三月生）三女順子（同六年二月生）あり

工藤忠輔　弁護士
原籍　熊本県玉名郡伊倉町
現住所　京城府大平町二丁目　電話二三四二号
君は工藤武雄の弟にして明治十五年三月生る四十四年東京帝国大学法科大学独法科卒業し朝鮮総督府司法部属たること一年有余大正二年十月京城に於て弁護士を開業し今日に至る

家庭には弟重雄（明治十七年三月生）及び同人妻愛子（同二十七年五月生）長男宗雄（大正五年六月生）あり

工藤武雄

工藤忠輔

履歴から長男の工藤武城、次男の工藤忠輔、三男の工藤重雄共々朝鮮で活動したことが確認できる。工藤三兄弟とも済々黌出身であるが、済々黌の創立者は佐々友房である。

　彼の一生は国権主義に終始した為め、世間からは保守的政治家と目せられ、従って政界に於ては逆境に処することが多かったが、平生の志は大陸発展に存し、その目的の為めに後進の誘掖等に努めた所甚だ多く、朝鮮、支那に向つて熊本方面より彬々と志士を出したのは彼の力が与つて多きに居る

と黒龍会編『東亜先覚志士記伝』で評している[三]。即ち、佐々友房は政治家である以前に教育家であり、「大陸発展」という目的のために教育に力を注ぎ、多くの熊本県出身者を中国と朝鮮に送り出したのである。工藤三兄弟もその中の一員であったことがわかる。

　工藤武城について詳細に述べると、熊本県で工藤唯次郎の[四]長男として生まれ、一八九七年に長崎医学専門学校に入学し、一九〇一年に日本産婦人科のパイオニアである東京帝国大学婦人科教授濱田玄達の[五]助手を担当しながら外国語学校に通った。一九〇七年十一月に京城婦人病院を開業し一九一三年七月からフランスパリ大学の研究室へ修学し、一九一五年十二月に戻り続けて病院を経営しながら、婦人・女性と関連する医学、講演、著述、新聞雑誌への投稿などを通して、朝鮮社会の多様な分野に接近した。彼の執筆は百六十八編に上る。朝鮮での使命について次のように述べている。

小生は応用医学の一の臨床産科婦人科を専門とし、内房に出入する事甚多く、露骨なる韓人の性質を観察する機会に乏しからず。彼等の怯惰不信、猜疑の性に富み、信頼の美徳など乏しきは明らかに此を知るも、生存適合は周囲の関係より茲に至らしめたる遺伝の結果と思へは、実に憫然なる国民に候。されば若し小生の事情韓国に滞在するを許せば、気長く此遺伝を消滅して、文明の光を浴せしめ、日新医学を可及的早く普及せしめて御恩恵を蒙らしむる方向に導かむこと、願ふは唯此のみに候[六]

次男工藤忠輔も『朝鮮及び満洲』という雑誌に多く投稿されており、調べた限り、その数は二十四に上る。彼についての評価は以下になる。

弁護士を開業した語学に堪能であるから主として西洋人方面の事件を多く取り扱ふて居る、凡て研究的で亦読書家である上に多才多能の方で法律以外の政治も文芸にも宗教にも趣味を持って面白い議論と意見を吐く、亦頗る自由意志を尊重し佐気焔当るべからざるものがある、年も十五年生れと云ふことだから三十一二であるが、始終肺部が弱ので閉口して居る誠に気の毒なことである[七]。

本章の主人公である工藤重雄も法学士で東京帝国大学を出た人物である。『毎日申報』によれば、彼は朝鮮における「法律」関連の新聞発行の必要性を感じ、既に認可申請を提出しており、その目的は法律制度の改善と民衆権利の擁護と会員親交の保護であるとしている。引き続き、雑誌も『東亜と法政（週刊）』という名で発行申請したとされている[八]。「鉄牛居士」という仏名を持ち、雑誌「朝鮮仏教」に多く寄稿し、京城本町で各宗仏教書籍を販売する謙々堂という書店を運営したりもした。彼の寄稿を時系列に並べると以下のようになる。

「朝鮮不良少年論」『朝鮮公論』三十六号　一九一六年三月
「鮮人の騒擾観」『朝鮮公論』通巻七十三号　一九一九年四月
「仏教的社会主義宣伝運動の必要」通巻七十七号　一九一九年八月

「京城の社会事業に就ての私の考」『朝鮮社会事業』九号　一九二三年
「仏教と社会主義」『朝鮮仏教』二号－四号　一九二四年六月－八月
「魂の問題（三回）」『毎日申報』一九二四年八月十五日－十七日
「漸滅せんとする帝国に物価調節の一策を建ず」『朝鮮及満洲』二〇六号　一九二五年一月
「成仏の時節」『朝鮮仏教』一〇号　一九二五年二月
「仏徒の眼の着け所」『朝鮮仏教』十一号　一九二五年三月
「仏教本来の面目を発揮せよ」『朝鮮仏教』十三号　一九二五年五月
「京取と仁取の将来に就て」『朝鮮公論』一四七号　一九二五年六月
「我等の標語」『朝鮮仏教』十四号　一九二五年六月
「錯覚世の中」『朝鮮仏教』二十八号　一九二六年八月
「取引所論秘密は不可、一切公開が当然私議的合併極反対」『東亜日報』一九二六年八月四日
「無趣味の趣味」『朝鮮仏教』三十五号　一九二七年三月
「朝鮮を救ふは資本に非ず技術なり」『朝鮮社会事業』五冊六号
一九二七年六月
「朝鮮仏教の将来」『朝鮮仏教』四十五号　一九二八年一月
「御親閲拝受感想」『文教の朝鮮』一六七号　一九三九年七月
『三十年前の朝鮮』バード・ジショップ著　工藤重雄訳　京城東亜経済時報社　一九二五年
『露西亜帝政没落史：ロマーノフ家最後とボルセビキー未来物語』エドモンド・エーワルシュ著　工藤重雄訳　平凡社『世界興亡史論』第十八巻

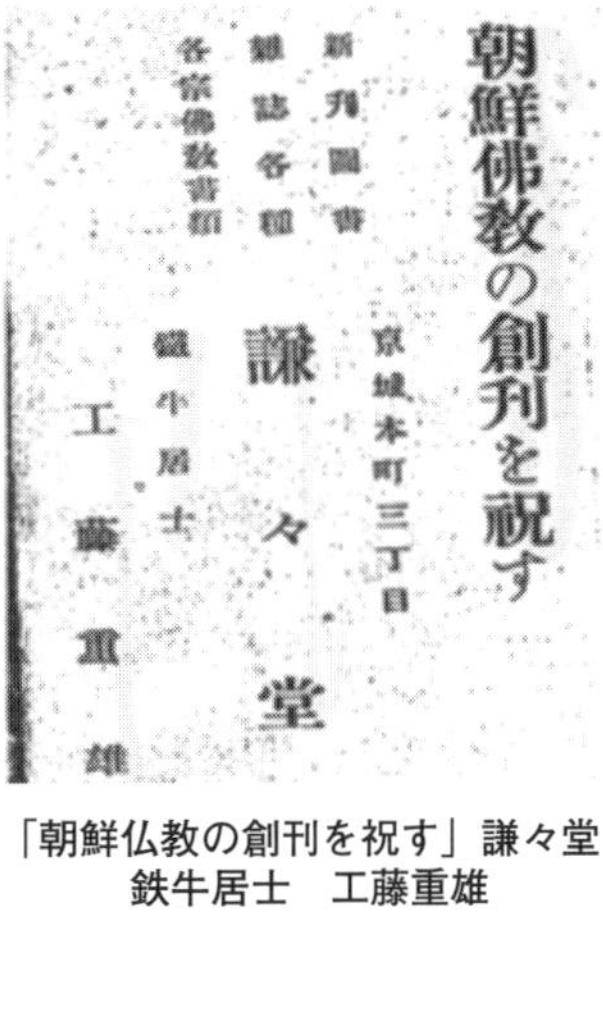

「朝鮮仏教の創刊を祝す」謙々堂
鉄牛居士　工藤重雄

また、日清戦争時に韓国を訪問して記録したイザベラ・バードの『KOREA AND HER NEIGHBOURS』を『三十年前の朝鮮』に抄訳した。その際に、当時の総督斎藤実と李完用の題字も受けるなど、総督府の高官との親交も確認できる[九]。

KOREA
AND HER NEIGHBOURS
A NARRATIVE OF TRAVEL, WITH AN ACCOUNT OF THE VICISSITUDES AND POSITION OF THE COUNTRY
By Mrs. BISHOP (ISABELLA BIRD)
WITH MAPS AND ILLUSTRATIONS
POPULAR EDITION
LONDON
JOHN MURRAY, ALBEMARLE STREET
1905

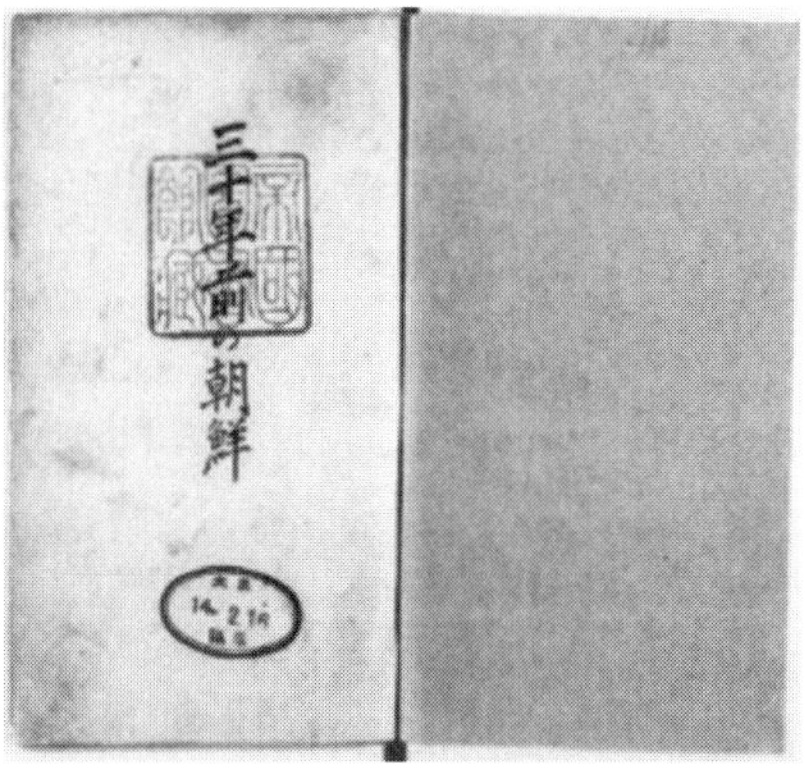

まず、訳者序文を見よう。

本書は英国王立地学協会々員バード・ビショップ女史の「コレア、エンド、ハー、ネーボアス」の抄訳で訳者が志せる『外人の見たる朝鮮』の第一巻である。原著者が日清戦争前後から明治三十年迄朝鮮内を隈なく跋渉したるのみか支那満洲西比利亜を遍歴したる英文の旅行記は四六判の分厚な書物となって出版せられて居る。三十年前の朝鮮を知ると同時に現在の朝鮮を知る可き好個の資料と考へたので朝鮮内の記事丈けを訳して見た。原著者の犀利な観察眼と精細な筆致を其の儘に写し出すことは訳者の筆の到底及ばざる所であるが、読者に価値ある何物かを与へ得るものと信じて居る。成る可く広く読んで戴き度い。特に朝鮮人諸君の一読を希望して已まぬ。斎藤総督閣下、李完用公爵閣下、下岡政務総監閣下、有賀殖産銀行頭取から題字又は序文を賜はったのは訳者の無上の光栄とする所である。尚ほ本書の出版に就いては畏友岡部法学士及中村資良の手を煩わた事は非常なものである。叙して訳者の深厚なる謝意を表す。

大正十四年一月十日　工藤重雄

英国王立地理学協会会員のバード・ビショップ女史が日清戦争前後より明治三十年頃（一八九四年一月から九七年三月）にかけてまで、朝鮮および中国満洲シベリアを旅し旅行記として残している。この内の朝鮮に関する部分を抜き出して翻訳されたのが、「三十年前の朝鮮」である。工藤は「外国人の見た朝鮮」という一連の書物を出す予定で、その第1巻がこの本になるとのことである。「三十年前の朝鮮」は大正十四年に出版されました。大正十四年から遡ること三十年つまり明治三十年頃の朝鮮の様子が描かれている。内容の一部を見よう。

The cleaning of the Augean stable of the Korean official system, which the Japanese had undertaken, was indeed an Herculean labour. Traditions of honour and honesty, if they ever existed, had been forgotten for centuries. Standards of official rectitude were unknown. In Korea when the Japanese undertook the work of reform there were but two classes, the robbers and the robbed, and the robbers included the vast army which constituted officialdom. "Squeezing" and peculation were the rule from the highest to the lowest, and every position was bought and sold[一〇].

朝鮮官界の廓清に当る日本こそオージーアス王の厩舎を掃除するヘラキュレスである。朝鮮の官吏には名誉も誠実も無い、有っても数百年前に喪はれて居る。服務規律の如き彼等の嘗て想像せざる所である。私に言はすれば朝鮮には只二つの階級があるばかりだ。一は掠奪階級であり、他は被掠奪階級である。而して前者に属するは即ち官吏及軍隊に外ならぬ。掠取、誅求は貴族が常民に対する常例である。官金費消は官吏の慣例である[一一]。

と、上述を含めてバードの視線は、さまざまな面に及んでいるが、その記述は実に細やかで、朝鮮には厳しいが、実は愛情にあふれていると思われる。当時の朝鮮の状況を知る数少ない図書であり、それを翻訳したのが工藤重雄であった。

その後の一九三一年から一九三九年まで京城高等商業学校の嘱託・嘱託講師・講師として名前が挙がっている。
しかし、後述の資料から一九三〇年四月から間島に渡ったことが確認できる。当時、普通学校の教師も朝鮮半島の学校に職位を置きながら間島で教えたことから何の疑いもないだろう。また、一九一七年四月から京城高等商業学校の講師として招かれ、一九三九年には京城高等商業学校の肩書きで『文教の朝鮮』に「御親閲拝受感想」を投稿したことからも朝鮮と間島で二つの肩書きを持ちながら、教育事業に携わったことが確認できる。

三．間島での活動

三．一　間島に渡る

一九三〇年四月に間島に渡るが、これには立花小一郎と斎藤実の役割があったのではないかと思われる。立花小一郎は、一八六一年に三池藩の家老、立花景福の長男として生まれ、一八八三年に陸軍士官学校を卒業し、陸軍教官、参謀本部第一局員、清国駐屯軍参謀、袁世凱の軍事顧問を歴任し、旅団長を経て一九一二年九月、朝鮮駐箚軍参謀長として朝鮮に赴任する。立花は寺内正毅陸軍大臣の高級副官を務めたが、満洲守備隊長の頃にガス中毒により精神異常の症状をきたし退役間近となった。しかし、寺内により第三〇旅団長に抜擢され、以後出世道を歩む。以後、一九一四年四月、第二代朝鮮駐箚憲兵隊司令官、一九一六年四月、第十九師団長を歴任し、一九一九年四月、関東軍司令官に昇進し関東州に赴任するまで六年六ヶ月間、朝鮮で勤務することになる。彼は明石元二郎、田中義一、秋山雅之介（陸軍省参事官、朝鮮総督府参事官）とともに寺内の「四天王」と呼ばれたと言う[二三]。

「立花日記」には言論人、宗教人、医師、企業人など、多様な民間日本人たちが登場するが、立花が面会または訪問した日本人には以下の名前が上がっている。

言論人：牧山耕蔵（朝鮮公論社長）、中野正剛（東京朝日新聞朝鮮特派員）、阿部充家（京城日報社長）、萩谷籌夫（朝鮮新聞社長）、釋尾春芿（朝鮮及満洲社長）、小幡虎太郎（朝鮮新聞京城支局長）、蛇田万次郎（平壌

毎日新聞社長）、河井朝雄（朝鮮民報社長）、芥川正（征山日報社長）、中嶋真雄（満洲日報社長）
在朝日本人有力者：宮川五郎三郎（平壌電気会社社長）、大村友之亟（京城商業会議所書記長）、高橋章之助（弁護士）、岩瀬静（大邱商業会議所会頭）、小倉武之助（大邱電気社長）、井上正太郎（全州連隊設置請願委員）、村尾伊勢松（大田商業会議所会頭）、岸辰一（大田学校組合員）
宗教人：渡瀬常吉（日本組合キリスト教会牧師）、海老名弾正（本郷教会牧師）、山本忠義、平岩愃保（日本監理教教会第二代監督）、藤岡潔
医師：和田八千穂（京城医師会会長）、工藤武城（京城医師会会長）
その他：日高丙子郎（間島朝鮮人民会長）、高橋章之助（弁護士）[一三]

その中に工藤重雄の兄である工藤武城と日高丙子郎[一四]の名前がある。工藤武城らは伝染病対策について面談を申請し、京城医師会の立場を伝えた。日高丙子郎は一九一〇年代から寺内を通じて機密費を受けていたが、一九一四年七月二十一日、寺内総督の指示で日高採用問題を議論するために立花は徳富蘇峰[一五]京城日報顧問と会見を行った。同日、立花は山形閑高等警察課長を呼んで日高に毎月一〇〇円の機密費を与え、彼を間島に配置するように相談した。翌日、立花は訪問した日高に任務の方針を指示し、侍天教、間島での学校、病院の状況、領事館の加藤中尉と崔警部との意思疎通がうまくいっていないこと、臨時費用について意見を与えた。以後、警務総監部は日高の依頼により京城日報社員の名義を借りられるように徳富に交渉した。このように日高を含めて多くの人は自分の目的と利益のために立花に陳情、請願、交渉を行っていた。また総督機密費や警務総監部機密費が在朝日本人言論人や在満朝鮮人問題に関与する在満日本人に流れていたことが分かる[一六]。

また先述したように、工藤重雄が『三十年前の朝鮮』の抄訳を出版する際に、斎藤実総督と李完用の題字も受けるなど、総督府の高官との親交があった。日高も斎藤実総督と家族ぐるみの付き合いであり、間島と日本の間をしばしば往復して朝鮮総督府を訪れることが多かった。日高は光明会の設立に当り、斎藤宛に「機密費」扱いで徽章

費・備品費などを請求しており、斎藤総督本人から直接資金ももらえたという。

　このように、立花小一郎と斎藤実という人的繋がりで工藤重雄が間島に渡り、日高と共同で朝鮮人事業に携わるようになったと思われる。しかし、人的繋がりだけで間島に渡ったわけでないない。次の史料を見よう。

　学園長（日高）先生が高く光明主義を標榜して、白山黒水の間に道徳国家を建設するを目的として多年の間備さに辛苦を嘗めて経営せられた学園…私共三学部の職員一同、先生の理想を解し、先生の聖業に参加し、他日の成功を楽しんで来た…（一七）

ということから、日高の光明主義に賛同して間島に渡ったことが明らかになった。ここで言う光明主義とは、「民族宗教ノ範囲ヲ超越シ天下一家四海兄弟ノ大義ヲ実現シ在住内鮮支人ノ接近融合ヲ進メ共存共栄ノ情ヲ敦ユウシメ地上ノ天国理想ノ楽園ヲ間島内ニ現成スル」ことであった。そのため、「信神修徳奉公ヲ綱領トスル光明会ヲ組織」（一八）して教育を始めとするさまざまが事業に手を伸ばすことになるが、東京帝大出身の工藤もこの光明会活動に参加して理想郷、ひいては理想国家の建設に携わることになる。

三．二　教育活動

　まず、工藤が校長として勤めていた光明女学校を在外学校に申請する際に提出した履歴書を見よう。

学校長履歴

一、本籍地　熊本県玉名郡伊倉町字北方二八六九番地

二、現住所　満洲国吉林省延吉県龍井村

熊本県平民　工藤重雄　一八八四年三月二十日生

学業経歴

一九〇三年　三月　熊本県立中学済々黌卒業　済々黌

一九〇八年　七月　第五高等学校第一部卒業　第五高等学校
一九一二年　七月　東京帝国大学法科大学経済学科卒業　東京帝国大学
　　仝年　仝月　病兄法学士弁護士工藤忠輔ヲ扶ケテ法律事務従事
一九一四年　七月　充員招集ヲ受ケ歩兵第五十六聯隊ニ入隊青島攻囲戦ニ参加同十二月凱旋
（尓来法律事務所経営旧ノ如シ）　歩兵第五十六聯隊
一九一六年　五月　京城商業会議所調査課長ニ聘セラル　京城商業会議所
一九一七年　四月　京城高等商業学校講師ヲ命セラレ経済原論担任英語科ヲ分担ス（会議所故ノ如シ）
京城高等商業学校
一九一九年　八月　京城株式取引市場営業課長ニ聘セラレ会議所並ニ高等商業学校ヲ辞ス　京城株式市場
一九二三年十二月　株式市場ヲ辞シ書店ヲ経営ス
一九二五年　五月　書店ヲ閉鎖シ哈尓賓ニ土地開墾組合ヲ組織ス
一九二七年　八月　朝鮮害虫駆除株式会社創立事務ヲ托セラル
　同三年　十月　同社ヲ辞シ東京ニ転住ス
一九三〇年　四月　私立永新中学校教員ニ聘セラル　光明会
　同七年　一月　私立光明高等女学校々長ヲ命セラレ現在ニ及ブ　光明会

ここから確認できるように、まず光明会経営の永新中学校の教員として招かれたのである。永新中学校は元々一九一〇年に設立された広東義塾に起源を持つ朝鮮人私立学校であったが、経営難に陥ってしまい最終的には日高に買収されてしまった。日高が永新学校を買収した理由について工藤は次のように語っている。

永新学校経営ノ如キハ排日独立ノ思想ニ燃ヘテイタ狂暴ナル青年ヲ薫陶スル冒険事業デアッテ、徒手ニシテ虎狼ノ群ヲ禦スル程ノ自信ト決心トカ無ケレバ断ジテ為シ得ザル離レ業デアッタ。思ヘバソノ当時当局ハ強制的ニコレヲ取潰スコトガ出来タカモ知レナイ、併シ取潰シタ所デ後患ヲ除クコトハ出来ナカツタニ相違無イ。ソレヲ買ツテ出ラレタノガ先生デアツタ。社会ハ先生ノ無謀ヲ笑ヒコソスレソノ意気ニ感ジテ援助スル人ハ稀デアツタ、十年ノ経営困難ヲ極メタコトハ改メテ説明スル迄モ無イ[一九]

ここから分かるように、日高はただの慈悲から永新学校を買収したのではなく、排日独立運動の拠点となっている永新学校を買収することによって、後患を除去するためであった。この後患とは「反日的教員・生徒が拡散し、反日学校が間島全域に拡大再生産されること」[二〇]であった。つまり、永新学校をそのまま買収することによって「排日独立運動ノ虎狼ノ群ヲ制スル」[二一]という方策によって反日の拠点を押さえようとしたのである。

永新学校には東京帝国大学農学部出身、東京農業大学農学部出身、法政大学法文学部出身、東洋大学専門部出身、京城帝国大学法文科出身など名門大学出身者が多く教鞭をとっていたが、東大出身の工藤もここで英語と法経を教えていた。

一九三二年一月から光明高等女学校の校長になるが、光明高等女学校の歴史を探ってみよう。

本校ハ光明会主幹日高丙子郎氏ガ当地ニ於テ女子中等教育機関ノ必要ヲ痛感スルノ余篤志家ヲ説キ其ノ後援ヲ得テ光明師範学校ノ旧校舎（元天図鉄道公司事務所タリシ家屋）ヲ利用シテ大正十五年四月創立セラレタルモノニテ当初第一学年生徒五十名ヲ募集シタルガ昭和弐年八月ニ教室三個当直室便所等ヲ増築シ現今第三学年迄ノ生徒一〇三名ヲ収容教授セリ

と一九二六年四月に創立されたことがわかる。学則、時間割、教員、担当科目などを見ていこう[二二]。

① 私立光明高等女学校学則

第一章 総則

第一条 本校ハ朝鮮教育令ニ依ル女子高等普通学校ニ準シ女子ニ必要ナル高等普通教育ヲ為ス

第二条　本校ハ生徒身体発達及婦徳ノ涵養ニ留意シテ之ニ徳育ヲ施シ生活ニ有用ナル普通ノ知識技能ヲ授ケ円満ナル人格ヲ養成スルヲ以テ目的トス

第三条　本校ハ光明高等女学校ト称シ間島龍井村ニ設置ス

第四条　本校ハ修業年限ヲ四個年トシ生徒二百名ヲ以テ定員トス

第二章　教科目教科課程及毎週教授時数

本校ノ教科目ハ修身、教育、日本語、朝鮮語、英語、歴史、地理、数学、理科、図書、家事、裁縫、音楽、体操トス

② 時間割（省略）

③ 現在職員

履歴又ハ資格	担任学科	来校	職名	氏名	生年月日
	課外、講話	大正十五年四月	校長	日高丙子郎	明治九年十月
東京帝大法科卒業	修身、国語、英語、実習	昭和五年五月	校長代理	工藤重雄	明治十七年三月
京城中央学校卒業	数学、朝語	大正十五年四月	教員	安容湯	明治二三年七月
水原高農林科卒業	博物、理化、数学	昭和四年八月	教員	黄淑玹	明治三九年九月
城大法文科大学卒業	英語、国語、教育	昭和六年十月	教員	曺圭善	明治四一年四月
京城帝大法文学部卒業	歴史、地理、国語	昭和七年八月	教員	厳武鉉	明治二八年七月
東京音楽学校修業	音楽	昭和二年四月	教員	尹克榮	明治三六年九月
	裁縫	昭和三年四月	教員	李貞仁	明治十二年五月
京城女子技芸学校	手芸	昭和六年四月	教員	金素研	明治三九年四月
京北第三中学校卒業	中語	昭和三年六月	兼任講師	張泰曽	明治三六年十二月
日本体育会体育学校卒業	体操	昭和五年十一月	兼任講師	李在鶴	明治三六年五月
小学校本科正教員	図画	昭和五年八月	兼任講師	甲田純之助	明治二十年五月

ここから確認できるように、朝鮮教育令（第二次期）に依りながらも地域の特殊性から「朝鮮語」「日本語」という言語として名前が記述されているが、教員の担当科目としては「日本語」が「国語」になっており、教材は女子国文読本一－八冊と女子国文法教科書上下冊を使用していたというから外国語ではなく「国語」として教えていたと推測できよう。

一九三四年四月一日に日高は間島総領事経由で、民法第三十四条及び第三十九条の規定により、光明会育英事業全部を網羅して「光明学園」という財団法人許可を外務省に申請し[二三]、十月五日に決裁された[二四]。その後の一九三四年十一月二十八日に日高は永井在間島総領事を通じて、文部大臣松田源治と外務大臣広田弘毅宛の「在外指定学校許可申請諸」を送り[二五]、一九三五年一月三〇日、文部大臣と外務大臣から「昭和九年十一月申請財団法人光明学園中学部及財団法人光明学園高等女学部ヲ恩給法施行令第八条ニヨリ在外指定学校トシテ指定ス」と、中学部と高等女学部の在外指定学校の認可が下りた[二六]。その後、同年五月二日に小学部の申請も行い、五月二〇日に在外指定許可が下りた。

しかし、治外法権撤廃により、光明学園は『満洲国』の法人となり、中学部は「満洲国」省立高等国民学校に、小学部は「満洲国」公立学校に変わった。それと同時に在外指定学校が取り消され、補助金も「満洲国」側から受けることによって決着がついたのである。よって、光明学園高等女学部は一九三八年一月には省立龍井女子国民高等学校と改称される。光明学園三学部の委譲式で工藤重雄が、

治外法権の撤廃、教育権の委譲は王道満洲帝国が一歩々々国家的機構を完成している事実を日本帝国が率先して全世界に証明する所以あって、此上も無い芽出度ひ国家の盛典であります。…満洲国の教育界に奉仕することは決して光明主義を投棄する訳で無く、総で一層広く之を宣伝する結果を齎すものだと考へて居ります。…学園長より頂きました切々の訓戒を銘記して、光明学園の名を辱かしめないつもりであります[二七]。

と三学部を代表して日高に述べられた「謝恩の辞」を『間島新報』に掲載された。光明学園の「満洲国」委譲と共

に先述の新聞記事を最後に光明学園についての記録も外務省から姿を消した。

東亜日報における入学案内を以下二回に渡って掲載されている。一九三五年三月十七日二面の「入学案内」で朝鮮半島の各男女中学校、龍井の各学校と一緒に出ているが、その学校名は、恩真中学校、大成中学校、東興中学校、明信女学校、光明学園中学校、光明学園高等女学部、光明学園師範部であった。また、一九三六年二月十一日の三面「各学校入学須知」で以下に掲載されていた。

光明学園高等女学校

間島龍井市

一、人員　約百名　二、三学年補欠若干

二、科目　国語、算術

三、期日　三月廿七日、廿八日

四、出願　三月廿五日まで（受験料　一円）

このように、間島地域だけではなく、朝鮮半島にも宣伝することによって、多くの「留学生」が集まってきたことが確認できる。例えば、一九三四年の生徒数一五三名の中、龍井九十八名、間島地方三十四名、朝鮮内地十一名であり、出身学校は間島公立九十九、間島私立三十九、朝鮮内公立十三、朝鮮内私立二名であった。

光明高等女学校は、一九二九年から一九四二年十二月まで四〇四名の卒業生を出しているが、その就職進路状況は教員一〇二名、会社二十七名、家事一九一名、進学六十名、未詳二十名、死亡四名で、その分布は間島省二一三名、日本三名、省外七十五名、支那四名、鮮内五十五名、死亡四名、未詳二十名になっていた[二八]。

工藤は光明学園設立の申請、在外指定学校への申請など活動に参加し、光明高等女学校の部長、ひいては光明学園の理事の職に就き、その成果が評され、在間島総領事館から三級俸が下賜されていた[二九]。

三・三　教育観

工藤重雄の教育観については、彼が執筆した「在満同胞教育統制ニ就テ」「在満同胞子弟教育ノ基調」「光明学園ノ現在及将来」から垣間見える。

工藤は、「満洲」における朝鮮人教育の基調として次の五点の意見があると推測している[三〇]。

一、純粋ニ皇国臣民タラシムルコトヲ基調トスル
二、朝鮮民族ノ地位ト特徴ノ助長ヲ基調トスル
三、満洲帝国公民トシテ適格賦与ヲ基調トスル
四、国籍ヲ超過シタ道徳ト宗教教育ヲ基調トスル
五、基調ノ速断ヲ避ケ当分採長補短ノ教育ヲスル

工藤この五点についてさらに次のような説明を加えている。第一は、「思想も言語も日本化し盡し忠良ナル皇国臣民」を養成することで、この説は主に軍部によって主張されている。第二は、朝鮮人は「地理的ニモ言語的ニモ風俗的ニモ恰モ日満両国ノ中間ニ位スル特長ヲ有スル」ので「日満不可分工作上ノ役割」を担うよう教育する。第三は、「満洲国」の公民となるように教育することで、この説は主に「満洲化」を必要とする人々によって主張されている。第四は、「宗教的ニ人格ヲ陶冶」するように教育することで、この説は主に宗教家によって主眼されている。第五は、「満洲」の複雑な状況から判断して、教育の基調を速断するのではなく、長期的視野に立った調査研究によって決めるべきであるという主張である[三一]としている。

しかし、間島教育界の複雑な事情から「今間島ニ芽生ヘツツアル新文化ヲ保護助長シ、暫クソノ成長ノ様子ヲ見テ貫ヒタイ」「在満同胞子弟ノ教育基調トシテハ教育勅語ノ奉読ヲ強要セス、別ニ指導精神ヲ公布シテ貫ヒタイ」と主張している。

前述したように、光明学園の教育の特徴の特色の一つとして、普通学校で行われていた「教育勅語」の奉読式を行わなかったことが挙げられる。「教育勅語」の奉読について、光明学園副園長工藤重雄は次のように述べている[三三]。

成程教育勅語ハ我国民教育最高ノ指導精神テアッテ一旦緩急アレハ義勇公ニ奉シ以テ天壌無窮ノ皇運ヲ扶翼シ奉ルノカ国民最後ノ念願テアル。併シ乍ラコノ覚悟、コノ感激ハ日本人ノミカ有スル本質的民族性テアリ他民族ハ到底推量スラ為シ得サル所テアル。……光明学園ガ由来昭和七年ニ至ル迄勅語奉読式ヲ挙行セス、生徒ヲシテ御真影拝賀ニ参列セシメナカッタノハ実ニ冒瀆事件ノ偶発ヲ恐レタカラテアッタ。時勢ハ転換シテイルケレトモ全満的ニ教育勅語ノ奉読ヲ強要スル如キハ必シモ同同胞師弟教育ノ目的ヲ達スル所以テ無ク、或ハ之ヲ強要スルカ故ニ却テ冒瀆ノ罪ヲ作ルコトナシトセヌ。

なぜ、「教育勅語」の奉読をしなかったのかについては日高との思想と関わってくる。日高は「日鮮支」の融和をはかるという教育理念であり、「教育勅語」は朝鮮人・中国人には融和の障壁となるものであった。そのため、奉読をしなく、「朝鮮同胞ハ其ノ勝レタル個性ヲ利用シ、日本ト満洲トヲ合スル接着剤トナリ、日本文化ヲ消化シソレヲ中和シテ満洲へ普及スル伝道者[三三]」となることを朝鮮人教育の主眼とすべきであると述べている。そのため、「間島ニ生レ、間島内ニ成長シツツアル」間島文化、つまり、「日本文化ガ間島ノ同胞ニ自由ニ吸収セラレ、消化セラレ、濾過セラレ、而モ極メテ自然ニ支那固有文化ト融合シテ出来ツツアル」文化を「保護誘掖シテソノ成果ヲ待ツ丈ケノ寛容ト気長サヲ持ッテ貰イタイ」としている。この間島文化が新文化で、「芽生ヘツツアル」としている。こうした状況の下で、「教育勅語」に代わる「日鮮支」の共通の「教育訓示」を提唱している。その案文は、五族協和を基調とし、天皇と兄弟の関係を結んだ「満洲皇帝」の契りを重んじ、道徳仁愛を旨とし、共存共栄、東洋の平和に貢献をはかるというものであった[三四]。

一方、彼は在満朝鮮人子弟教育の不備について次のように訴えている。

内地人ハ満洲ニ幾ツモノ在外子弟中等学校ヲ有ツテイル。ソレ等ノ卒業生ハ上級学校ニ入学スル権利ヲ賦与セラレテイルカラ父兄ハ子弟ノ教育ニ左程ノ不便ヲ感シテイナイ。而モソレハ在満三十万ニ対スル施設デアル。然ルニ等シク陛下ノ赤子デアル在満同胞朝鮮人百万ノ為メニ設ケラレタ有資格中等学校ハ光明学園ノ中学部及高等女学部アルノミデアル而モ前者ハ二百五十名、後者二百名ヲ収容シ得ルニ過ギヌ。彼此ヲ対比スレバ余リニ恵マレザル境遇ニ置カレテイル同胞達デナイカ。

そのため、龍井村に農業大学の設立を強く主張している。

旅順ニ工科大学ガアリ奉天ニ医科大学ガアルノダガ、ソノ設立ニハ夫々ノ必要ガアリ政策ガ含マレテイタ。満洲国成立後ノ今日ハ農林業ノ為メニ医科大学ヲ設置スルコトハ前二者以上ノ必要価値ヲ持ツテイナイデアラウカ。満洲ノ自然ハ二者ヲ待望シタ以上ノ必要ヲ感シテ後者ヲ待望シテ居ナイダラウカ。若シソノ必要価値アリ自然ノ待望ガアルナラバ地理的関係上間島ノ龍井村ハソノ最モ適当ノ場所デハアルマイカ。…龍井村ニ農科大学又ハ之ニ準スル専門学校ヲ設立スルコトハ朝鮮人移民ヲ指導スル点カラ考ヘテモ、裏満洲ノ農林業其他ノ資源開発ノ点カラ考ヘテモ龍井村ノ衰亡ヲ救済スル点カラ考ヘテモ、総領事庁舎利用ノ点カラ考ヘ見テモ光明学園ノ拡張昇格ノ必要カラ見テモ愚見ノ開陳ハ必ズシモ遠慮スベキコトデハナカラウト思フ。…偏ニ明鑑ヲ垂レ給ハンコトヲ切望スル次第デアル。」

と、恵まれていない間島朝鮮人の境遇を指摘し、大学または専門学校の設立を主張するが、この願いは満洲国の解体まで実現することはなかった。

四．おわりに

二〇〇七年十一月二十一日の『吉林新聞』に「延吉の建築現場で七〇年前の碑石発見」[三五]との見出しで写真と記事が掲載された。

十一月十六日、延辺州延吉市盛泰熱力公司建築現場で、労動者たちは長さ1.8m、幅1.2mの一九三〇年代に建てられた碑石を見つけた。碑石の正面には「光明学園高等女学部紀念碑」という文字が刻まれており、碑石の左側の下には「間島省長李範益書」という小さな文字が刻まれているのがかすかに見える。碑石の裏面にも銘文が刻まれているが、字が小さ過ぎて土がついている上、破損などにより簡単には調べることができなかった。碑石を詳しく調べた延吉市文化部門の関係者はこの碑石は一九三〇年代に刻まれたものと断定したが、詳細な情況は碑石の銘文を研究した後に判明し、同時に碑石に歴史価値があり文化財に属するものかということも専門家の鑑定を経た後に結論を下すことができると述べた。龍井市党史弁公室の関係者は、光明女子中学校は一九二一年五月に日本人が龍井に建てたもので、一九三四年七月、光明学園高等女学部と改称、一九三八年一月には省立龍井女子国民高等学校と改称した。一九四三年五月、私立龍井明信女子国民高等学校と合併し、一九四六年に龍井中学に編入された。碑文の「間島省長李範益」は一九三七年十一月から一九四〇年まで満洲国間島省長だった人物だ。光明学園高等女学部と改称した日時と李範益が任職した日時から推定して見れば、この碑石は一九三七年末に建てられたものと推測することができる。しかし光明学園高等女学部でなぜ碑石を建てたのかという点については、関連部門の考証を待たなければならない。

このように、「光明学園高等女学部」が確実に存在したという歴史証拠として世に現れたのである。石碑が建てられた理由として、治外法権撤廃による在満朝鮮人教育の満洲国への委譲に伴い、省立龍井女子国民高等学校に改称されてしまい、唯一の記念として世に残す予定だったのではないかと思われる。

東京帝大を卒業した工藤重雄が立花小一郎と斎藤実の影響及び日高の光明主義に賛同して間島に渡り、光明会経営学校の校長などを務め、修身、国語、英語、実習、法経などを教えることによって間島文化、いわゆる芽生えつつある新文化を「保護誘掖」し、間島に理想郷及び理想国家を建設しようとした。また、朝鮮人に東洋の平和に貢献させるためには現在の教育では事足りず、農業大学又は専門学校の設立を強く主張したことが本研究によって明らかになった。唯、間島の特殊性から教科目を「日本語」として記述したものの、日本人教師が国語として「国語」教材を使って教えたことに矛盾点も表れている。一方、彼の関わった光明学校出身の多くが朝鮮半島、日本に留学して活躍することになるが、この点に於いては朝鮮人が恩恵を受けたことに違いなく、上記の石碑とともに歴史の語りは続けていくだろう。

一　『第三版　満洲紳士録』214頁　芳賀登外編集『日本人物情報体系十四　満洲編四』皓星社　一九九九年

二　『在朝鮮内地人紳士名鑑』307頁　芳賀登外編集『日本人物情報体系　七十二　朝鮮編二』皓星社 二〇〇一年　461頁

三　黒龍会編『東亜先覚志士記伝』下巻　原書房　一九六六年　632頁：稲葉継雄著『旧韓国～朝鮮の日本人教員』九州大学出版会　二〇〇一年十一月　96頁

四　戸長を務めた人物であったことから地域の有力者であったことが確認できよう。『玉名市史　通史篇』下巻　135頁

五　一八五五年－一九一五年　明治－大正時代の産婦人科学者で熊本県出身。嘉永七年十一月二十六日生まれ。熊本医学校病院長をへて明治十六年同校校長となる。ドイツ留学後二十一年に帝国大学教授となる。同大に産婆養成所をつくる。二十九年帝国大学医科大学長。東京御茶ノ水に浜田産婦人科病院を設立した。日本婦人科学会創立にかかわり初代会長。大正四年二月十六日死去。

六　「名士の朝鮮観」工藤武雄『朝鮮』第二巻第一号　一九〇八年九月
七　ヒラヤマ山人「京城弁護士界の人物」『朝鮮及満洲』第八十九号　一九一四年二月
八　『毎日申報』一九二〇年一月二十六日と一九二〇年二月七日の二面にて
九　『三十年前の朝鮮』バード・ジショップ著　工藤重雄訳　京城東亜経済時報社　一九二五年「訳者序文」
一〇　『KOREA AND HER NEIGHBOURS』一九〇五年　Part 2, 52－53頁
一一　工藤重雄抄訳『三十年前の朝鮮』東亜経済時報社　一九二五年　169頁
一二　その後の一九二〇年八月に陸軍大将となり、シベリア出兵では、最後の浦塩派遣軍司令官を務めた。後に、軍事参議官を務め、一九二三年三月に予備役に編入。同年十月に男爵を叙爵し華族となる。一九二四年八月から翌年八月まで福岡市長、一九二五年七月から一九二九年二月まで貴族院議員を務めた。
一三　李烱植「朝鮮駐劄憲兵隊司令官立花小一郎と「武断政治」－『立花小一郎日記』を中心に－」鄭昞旭・板垣竜太編『日記が語る近代：韓国・日本・ドイツの共同研究』同志社コリア研究センター　二〇一四年三月
一四　詳細は前章を参照されたい。
一五　熊本県出身、一八六三年－一九五七年、明治から昭和にかけての日本のジャーナリスト・思想家・歴史家・評論家。『国民新聞』を主宰し、大著『近世日本国民史』を著したことで知られる。日韓併合に伴い、寺内総監の要請で京城日報顧問となる。
一六　李烱植「朝鮮駐劄憲兵隊司令官立花小一郎と「武断政治」－『立花小一郎日記』を中心に－」鄭昞旭・板垣竜太編『日記が語る近代：韓国・日本・ドイツの共同研究』同志社コリア研究センター　二〇一四年三月
一七　「日高翁への謝恩の辞」間島新報　一九三七年十二月二十三日『光明学園関係一件』
一八　『斎藤実文書』第十一巻　高麗書林　一九九〇年　650－688頁
一九　『外務省特殊調査文書』第六十巻　高麗書林　一九九〇年　333頁
二〇　竹中憲一著『「満州」における教育の基礎的研究』「第五巻　朝鮮人教育」柏書房　二〇〇〇年　102頁
二一　『外務省特殊調査文書』第六十巻　高麗書林　一九九〇年　333頁

二二　「光明高等女学校概覧」『光明学園関係一件』外務省外交史料館
④生徒数
四学年一七、三学年二十九、二学年四十四、一学年六十三、計一五三
⑤生徒情報
生徒住所：龍井九十八、間島地方三十四、朝鮮内地十一、計一五三
出身学校：間島公立九十九、間島私立三十九、朝鮮内公立十三、朝鮮内私立二、計一五三
生徒年齢：十三歳から二十二歳
保護者職業別：官公吏二〇、教員六、会社員十二、農業二十一、商業六十二、其他二十四、無業八、計一五三
⑥卒業生
第一回生：京城梨花専門家事科二名、京城技芸学校一名、京城女子協成神学校二名、京城セブランス看護科一名、元山天主教修道院一名、間島地方初等農技教員三名、家庭及其他十一名　計二十一名
第二回生：京城技芸学校一名、間島地方初等学校教員及幼稚園保母五名、計六名
第三回生：京城梨花専門文科二名、京城独成女子神学校一名、間島地方初等学校教員三名、家庭及其他九名、計十五名
二三　「財団法人光明学園設立許可申請書」『光明学園関係一件』
二四　「高裁案」『光明学園関係一件』
二五　昭和九年十一月二十八日　永井清在間島領事発　外務大臣広田弘毅宛『光明学園関係一件』
二六　「官普二九〇号」『光明学園関係一件』
二七　「日高翁への謝恩の辞」間島新報　一九三七年十二月二十三日『光明学園関係一件』
二八　「満洲国」教育史研究会監修『「満洲・満洲国」教育資料集成』三期十二巻　エムティ出版　一九九三年　一光会『一光会会報』一九四三年六月二十五日　521－525頁
二九　「光明学園教職員ノ増給ニ関スル件」『光明学園関係一件』五巻分割三　20頁

三〇　『外務省特殊調査文書』第六十巻　高麗書林　一九九〇年　301頁
三一　竹中憲一著『「満州」における教育の基礎的研究』「第五巻　朝鮮人教育」柏書房　二〇〇〇年　111－114頁
三二　『外務省特殊調査文書』第六十巻　高麗書林　一九九〇年　321頁
三三　同前
三四　竹中憲一著『「満州」における教育の基礎的研究』「第五巻　朝鮮人教育」柏書房　二〇〇〇年　111－114頁
三五　http://www.searchnavi.com/~hp/chosenzoku/news5/071121.htm による

第七章　濱名寛祐【宗教・教育】

一・はじめに

日本の仏教諸派によるアジア開教は、アジアにおける植民地・占領地の獲得と並行して行われてきた。しかし、日本仏教の満洲布教は日本の全仏教界の合意のもとに計画的にすすめられたものではない。財力と人材を必要とする事業であるがゆえに、宗派事情や動機といった必然性なしには海外への布教はなかった[一]。

その中で、曹洞宗の満洲開教は一九〇七年日置黙仙[二]の「満鮮巡錫」をきっかけとしたと言われる[三]。間島における曹洞宗の開教は随分遅れて一九二三年五月十四日、曹洞宗両大本山[四]間島別院の設立した後である。日本人と朝鮮人に対する教化と救済を主な事業として活動するが、朝鮮人のための最初の活動は夜学会（学校）の設立である。本研究では曹洞宗両大本山間島別院の設立と学校設立に関わった濱名寛祐について触れる。

二・人物像と曹洞宗両大本山間島別院の設立

「在外朝鮮人学校教育関係雑件」の一九二四年七月の「曹洞宗間島別院概略」には次のように記録されている。

> 元陸軍主計監ニシテ当時図們天図両鉄路敷設ニ関シ社長飯田延太郎氏ノ帷幄ニ在リテ支那側トノ交渉ニ尽力セシ濱名寛祐氏ハ間島ノ主脳部タル龍井村ニ有力ナル寺院ヲ建立シ日鮮支ノ各人士ニ対シ佛陀ノ大慈悲ヲ光被セ

シメントスル大願ヲ発シ大正十二年一月単身三尺ノ積雪ヲ冒シテ越前ノ永平寺ヲ訪シ寺院建立ニ対スル便宜ヲ請ハレ本山ニテハ宗務院ノ賛同ヲ得開基濱名氏ノ非常発願ヲ嘉納スルト共ニ禅道ヲ付与シ寺院設立ノ許可書ハ同年三月六日附ヲ以テ濱名氏ニ交付セラレ同年五月六日院主樋口芝巌以下随員四名ハ濱名氏ノ東道ニ依リテ永平寺ヲ発シ日本海ヲ横断渡航シテ同月十四日龍井ニ着シ濱名氏ノ寓居ヲ以テ仮別院ヲ創設ス[五]

以上から濱名寛祐は日本人、朝鮮人、中国人を融和するために曹洞宗の名前を借りることにしたのである。彼は一九二三年一月に満洲開教の第一人者日置黙仙が住職として活躍した永平寺を訪れ、間島での寺院建設を申し入れる。宗務院はそれを受入れ、三月六日に寺院建設の許可を濱名に交付するとともに、曹洞宗の禅行者として受入れたのである。

まず、平凡社の『大人名事典』に記載されている濱名についてみよう。

濱名寛祐（一八六四－一九三八）陸軍主計少将。元治元年五月五日生る。二十一年陸軍経理学校を卒業、陸軍主計少尉に任じ、累進して主計少将に陞る。大正三年豫備役仰付けられた。明治三十五年七月露領ポセット要塞附近でスパイとしてロシア官憲に捕けれ、懲役一年に処せられウラル山中のガマ河畔に護送された際、ロシアに捕はれて居た日本人八百数十名を無事救ひ出す端緒を作ったといふ数奇な経験の持主である。日露役にも出征、千住製絨所長、関東軍経理部長を歴任した。昭和十三年二月二十三日歿、年七十五。[六]

これをもとに史料を探って見た結果、次々と濱名の人物像が明らかになった。静岡県生まれの濱名は札幌で中野二郎[七]が校長としていた「露清語学校」[八]の教師として招かれた。その後の一九〇五年に鴨緑江軍兵站経理部長として奉天城外の黄寺に駐屯していた濱名寛祐は、全文二九八〇字にわたる「契丹古伝」を入手する。濱名は日本ツラン協会代表理事有賀成可から「濱名寛祐氏は日露戦役の際、主計監として出征せられた方でありますが、本来は漢学者でありまする上に、国学及び支那語、朝鮮語等に精通せられる方であります」と紹介されるほど漢文に堪能であった[九]が、この古巻は難解であった。後に「魏志東夷伝」を読み「契丹古伝」の解読をするが、それが一九三三年出版された『契丹古伝』である。一九二六年に出版された『日韓正宗溯源』[一〇]も黄寺で入手した「契丹古伝」を基にした論策である。ここで濱名は朝鮮人と日本人は「同一の祖禅」を有しており、その「祖禅」とは「皇祖」であると主張した。

その他にも次々と著作が発表される。

　濱名寛祐編述『天圖鐵路志』出版者不明　一九二二
　濱名寛祐著『日韓正宗溯源』喜文堂書房　一九二六
　濱名寛祐著『上古に於ける我が祖語の本地及垂跡』東大古族學會　一九三三
　耶律羽之原著、濱名寛祐譯、有賀成可編述『契丹古傳』東大古族學會　一九三三
　濱名寛祐講演、日本ツラン協会編『古代漢文を基礎とする言語学の一科』日本ツラン協会　一九三三
　耶律羽之原編、濱名寛祐譯著『契丹古傳詳解・全』東大古族學會　一九三四
　濱名寛祐著『日露戰役奇傳敵國大横斷記』陸軍主計團記事發行所　一九三五（陸軍主計團記事、第三〇七號附録）
　濱名寛祐著『東大古族言語史鑑』喜文堂　一九三六

　濱名はその前に太興合名会社社員という身分も持っていた。一九一五年九月二十二日付けで飯田延太郎[一一]と濱名寛祐は合名で、南満洲太興合名会社を設立した。南満洲太興合名会社は「満州及蒙古ニ於ケル農業鉱業其他拓殖ニ関スル事業及之ニ附属スル事業並ニ朝鮮、満洲及蒙古ニ於ケル鉄道ノ敷設及運輸経営ヲ目的トシテ設立セラレタル日本会社」[一二]であった。社長は飯田延太郎で、社員は一九二〇年四月二十九日までは飯田と濱名の二人であり、それ以後は飯田と飯田久一郎の二人であった。飯田は太興合名会社設立時点で中野二郎から天宝山鉱山の利権を譲

り受けた[一三]。つまり、南満洲太興合名会社の第一事業として天宝山銀銅鉱山を中野二郎より譲り受け、一九一五年十二月十七日より経営し始めた。この契約に当り濱名寛祐に一切を任せた。おそらく中野と濱名の人間関係によって濱名の媒介によって渡されたと予測される。次表のように、南満洲太興合名会社鉱山経営と共に鉄道建設、石炭採掘にも手を伸ばすようになる[一四]。これらの経営により相当の資産を蓄積するようになる。

名称	天宝山銀銅鉱公司	天図軽便鉄路公司	老頭溝煤砿公会司
本店所在地	東京	吉林省城	
営業地	延吉県天宝山	天宝山豆満江沿岸間	延吉県尚義卿老頭溝
事業種類	銀及銅ノ採掘及精錬	軽便鉄道ノ建設及経営	石炭採掘
成立年月日	大正四年十二月十七日	大正七年三月十六日	大正七年九月二十一日
組織	合資	表面ハ株式ナルモ実ハ合資	
資本額	五十五万元（日金五十万圓　劉及飯田ニ於テ半額出資	金四百万圓日支半額出資	金二十万圓日支半額出資
主ナル出資者	南満洲太興合名会社代表飯田延太郎	南満洲太興合名会社代表飯田延太郎	飯田延太郎（二十万圓）
代表者	劉紹文 飯田延太郎	総理佟慶山 副総理飯田延太郎	飯田延太郎（南満洲太興会社社長） 杉下秀雄（南満洲太興会社主事） 吉林実業庁長
主ナル役員	経理人ハ劉及飯田自ラ任スルカ又ハ其委員ニヨリ日支各一人ヲ以テ之ニ充ツ尚職員ハ日支同数任命	董事ハ日支同数トス	
存立期間	五十年	三十年	二十年

しかし、当時間島は政治的不安定な地域であった。一九二〇年には琿春事件、一九二二年には頭道溝事件と次々と朝鮮人を廻る事件が起こった。これらのことを経験した濱名は移住朝鮮人を精神的慰安する宗教団体を設立する必要性を感じ、龍井村に寺院の建設を企画すると共に一九二三年から実業界を引退する[一五]。

一九二三年一月に大本山永平寺を訪れ寺院建設に対する便宜を申し込んだ。永平寺は宗務院の許可を得て濱名に僧籍を与えるとともに、寺院設立の許可書を三月六日に交付した。また、当時の永平寺単頭である樋口芝巌と随員四名を派遣した。一行は同年五月六日に永平寺を出発し、日本海を渡って同月十四日に龍井村に着き、濱名の仮住まいを借りて曹洞宗間島別院を創設したのである[一六]。

なぜ、濱名が間島で曹洞宗別院の設立を計画したのであろうか。もう一つの史料を検討する。

陸軍主計官濱名寛祐ト言フ御方ハ非常ナ篤信者デ、夙ニ僧籍ニナッテ祖光ト言フ名乗ヲシテ居ラレルヤウナ御方デス、此御方ガ間島ノ鮮人ヲ融和スル策トシテ、ドウカシテ間島鮮人ハ宗教ノ力デナケレバドウシテモイカナイ、此ノ宗教ノ力デ融和シタイト云フ精神カラ五万五千円ノ私財ヲ抛ッテ曹洞宗別院ヲ建立シテ下サッタ、既ニ其別院ハ建築シテ布教使モ三人駐在シテ居リマス、本年モ鐘楼ノ建築費又梵鐘ノ鋳造費ト共ニ六千円ノ金ヲ掛ケテ此春ソレガ落成シタヤウナコトデス、其他大般若六百巻ヲ購入シマシテ朝鮮人ニ大般若ヲ転読サセル、其他夜学ト云フヤウナ非常ナ熱心ナ施設ヲセラレテ此ノ朝鮮人ノ融和ヲ図ッテ居ラレルノデゴザイマス…[一七]

前述した「曹洞宗間島別院概略」では日支鮮民を融和することを目的として設立したと言っているが、ここでは「間島ノ鮮人ヲ融和スル」ことを目的としている。これからみると朝鮮人の融和に力を入れたことがわかる。当時間島は琿春事件、頭道溝事件という大きな事件が起こり、一九二三年には墾民崔昌鎬が無辜に中国官憲に統殺されたことをきっかけに、日本国籍を離脱して朝鮮人自治の実現を要求した[一八]。また同年二月十四日には民会が龍井村で対策委員会を開き、日本の統治下では生命財産の安全を保障することができないため、日本国籍の離脱運動を行わなければならないと決議された[一九]。しかし、これらの自治運動は中日の反対により最終的には失敗に終わったが、日本側の統治に一定の影響力を与えたことは確かである。このような情勢で、濱名は一人の力では朝鮮人を融和するということに無理があると認識し、宗教の力を借りようとしたのであろう。また、曹洞宗の異民族開教活動と重ねあい曹洞宗が受入れられたと思われる。

間島で行われた曹洞宗の教育活動も布教活動の一つである。曹洞宗両大本山間島別院の事業は二つに分かれる。一つ目は日本人の教化で、二つ目は移住朝鮮人のための教化で、その活動としては、日鮮同裔を立証する著書の刊行、「徒弟教育」、「間島星華女学校」の経営などが含まれる[二〇]。

三　学校経費来源

間島別院事業の一つである「間島星華女学校」の詳細については次章で言及するが、ここでは、学校の経費来源の分析によってこの学校のバックグラウンドが明らかにする。

一九三四年七月調査の曹洞宗間島別院の「基本財産ト流動資金」という項目に次のように記録されている。

本院ノ基本財産ハ開基濱名寛祐氏ノ一門コリ寄附シタル金参萬圓ト敷地約五百坪[二一]

また、

本校ノ経営方法ハ間島別院基濱名閣下ヨリ間島別院ヘ寄付サレシ基本金参万圓ヨリ湧ク年利弐千壱百圓ノ中参百圓ヲシテ本校ノ根本資金トナシ[二二]

としている。つまり、濱名が巨額の資金を寄付しており、星華女学校はその資金の年利の中から経営されていたことがわかる。しかし、寄付金参万圓は当時としては巨額で個人としては出せる額ではないであろう。一九二四年十一月に行われた曹洞宗第二十八回宗会での林財務部長の説明[二三]に注目したい。

濱名陸軍主計監督デスカ、其御方ガ非常ナ曹洞宗ノ是ハ熱心ナル居士デアリマスルガ、其居士ガ間島ニ新寺ヲ建立致シマシテ続イテ中学ヲ起シマシテ、ソレデ朝鮮総督府カラ多大ナ援助ガアル趣デ、中学ヲ造ッテ鮮民ヲ教化スルノハ多大ニ国家ニ貢献スル補助ヲ所ガアルデアラウ…

これからみると、巨額の背後にはおそらく朝鮮総督府が関わっていただろう。朝鮮総督府の曹洞宗に対する対応を見よう。曹洞宗の朝鮮開教は明治期から始まっており、日韓併合後もその開教は拡張していく。それは、「朝鮮内部の政治的不満を朝鮮総督府は宗教教育特に仏教教育によって解決しようという考えがあり、色々な面で直接間接仏教寺院に好意を寄せてきた」からであると朝鮮半島で曹洞宗が拡大した要因が述べられている[二四]。つまり、朝鮮総督府は朝鮮半島の安定を図るために曹洞宗を利用する政策を取ったのである。間島の安定を図るため、朝鮮総督府は同じ政策を取ったと推測できる。また、濱名の考えも朝鮮総督府の政策と同じであることからお金を出すようになったと思われる。

このような状況で、一九三四年七月二十日に樋口芝巌は当時の朝鮮総督府である宇垣一成に補助金を申請した。その理由としては、

間島星華女学校ハ大正拾参年一月創立以来一貫シテ佛陀ノ大精神ヲ主体トシ間島在住ノ鮮人婦女子ニシテ正規ノ学校ニ入リ得ザル者ニ対シ初等程度ノ教育ヲ施シ日本国民タルノ本分ヲ獲得セシムルヲ以テ目的トスルモノニテ候

方今間島ノ治安漸ク維持セラレ住民倍々増加シテ堵ニ安ンズベキ機運向ヒ社会教化ノ重任ニ立テルノ事業ハ前途大ニ其ノ必要ヲ告ゲ最近職員ノ増俸器具ノ増設運動場ノ拡張等経費ヲ先トスル必須事項モ多キヲ加ヘ経営上一層ノ困難ヲ感ゼシムルモノ有之候際

図ラズモ従来仁侠的ニ年度一割利子ヲ払フベキ約束ヲ以テ預入サレシ本院ノ基本金ハ当年六月以来故アリテ他ニ預入換ヘヲ為シ年度七分利子ヲ収得スルノ止ムナキ場合ト相成リ事業上多大ナル打撃ヲ蒙リ切実ニ前途ヲ危フカラシムル状態ニ陥リ申候

併シナガラ啻ニ経費不足ノ所以ヲ以テ既ニ多年ノ歴史アリ功績顕著ハ衆人ノ認ムル所ニシテ前途倍々必要ヲ感ゼシムル当該事業ヲ放棄スルニ忍ビズ目下極度ニマデ寺院ノ経常費ヲ節約シ鋭意継続ヲ為シ居リ候ヘ共固ヨリ僅少ナル基本金ナルト他ニ適当ナル財源ノ発見モ困難ナレバ到底永続ノ見込モ立チ難キ大ニ悲感セシメ申候

仰ギ願クハ間島文化ノ慈乳枯死ヲ救フト思召サレ実地御調査ノ上幾分補助ニ預リ申度[二五]

であった。また金額としては「不足額金九百参拾参圓拾銭ニ相当スル」ものであった。これに対し、朝鮮総督府は参百六拾圓の補助金を下附したのである。

星華女学校は朝鮮総督府だけではなく曹洞宗および外務省からも補助金を受けていた。

昭和弐年度ヨリ曹洞宗務院教学部ヨリ毎年参百圓内外ノ補助ヲ受ケ更ラニ昭和八年度ヨリ外務省ノ多大ノ御同情ニ依リ年度金六百圓ノ補助ヲ蒙リ…一層意ヲ強クスル処ナリ[二六]

星華女学校が曹洞宗両本山間島別院の学校として曹洞宗から補助金を受けていたことは当然に思われるが、外務省からも補助金を受けていたことには驚きである。それは、間島地域の政治情勢の不安定より外務省は星華女学校に補助することによって間島朝鮮人を融和する政略を取っていたと思われる。もう一つの例のとしては日高が設立した光明会経営諸学校に対する補助である。また、星華女学校は一九二八年六月に教室一棟、教室附属便所二棟を増築した際にも曹洞宗宗務院より特別補助金二千二百円の支給を受けた。

このように星華女学校の設立経営の背景には曹洞宗は勿論、朝鮮総督府、外務省という巨大な後ろ盾があったのである。

四．おわりに

曹洞宗の満洲開教は主に従軍布教を中心として行われていたが、一九二〇年代からは異民族開教にも手を伸ばすようになる。その一つが曹洞宗両本山間島別院の設立と共に、貧しい婦女子を支援するために設立された星華女学校である。

しかし、曹洞宗両本山間島別院は濱名寛祐が「間島ノ鮮人ヲ融和スル」ために計画せられたのである。陸軍主計監、露清語学校教師、太興合名会社社員、『日韓正宗溯源』著者など様々な経歴を持つ濱名寛祐は間島の不安な情勢中で一人の力では朝鮮人を融和することに無理があると認識し、曹洞宗という宗教の力を借りたのである。一九二三年五月十四日に曹洞宗両大本山間島仮別院の設立した後の一九二四年一月二十日に間島星華女学（一九三〇年六月一日に改名）が創設された。星華女学校の設立経営の背景には朝鮮総督府、外務省という巨大の後ろ盾があった。それは、抗日運動が激しい間島地域に於いて日本軍を派遣するなどもはや軍の力だけでは朝鮮人を日本側に引き付けるには無理があった。そのため朝鮮総督府、外務省は星華女学校に補助金を出すなどして朝鮮人を融和しようとしていたのである。

一　木場明志「日本仏教の満洲布教と現地仏教再編の試み」『植民地期満洲の宗教』柏書房　二〇〇七年　48頁

二　一九一六年五月－一九二〇年九月　永平寺の六十六世の住職である。一九〇七年一月満鮮巡錫の際に日露戦争の追弔をなし、護国塔を建立したという。

三　曹洞宗海外開教伝道史編纂委員会編『曹洞宗海外開教伝道史』曹洞宗宗務庁　一九八〇年十一月　50頁

四　曹洞宗の両大本山といえば、大本山永平寺（福井）と大本山総持寺（横浜）を指す。

五　外務省外交史料館所蔵　外務省記録『在外朝鮮人学校教育関係雑件／吉林省ノ部　第二巻　五．昭和九年』「曹洞宗間島別院概略」

六　平凡社編『大人名事典』五巻　平凡社　一九五四年　200－201頁

七　詳細は35頁の註一五を参照されたい。

八　一八九五年に露語学会として設立。一八九六年支那語を加え、露清語学校と改名。一八九九年に閉鎖。ここで養成したスパイは日露戦争に大きな役割を果たした。

九　濱名寛祐講演『古代漢文を基礎とする言語学の一科』日本ツラン協会　一九三三年四月

一〇　この本を出版する前に濱名はもう一つの行動を行う。それは「内鮮同裔会」設立運動である。「内鮮同裔会趣旨綱領」は全七条であるが、その中で第二条と第三条の以下のように綴られている。

第二条　本会は内鮮の同祖同裔なる所以を史実の関連を因縁理法に依りて釈明し之に由りて内鮮の融和を図り其の福祉を増進

するを主義目的とす
第三条　本会は左事項を事業と為す
一　前条の主義目的を広く内外に宣伝すること
二　日支露三国の緩衝用地にして且乱想紛糾の処なる東満州間島に日本国教を興隆し其の帰依と渇仰とを将つて我が祖宗に対する帰依渇仰も一致せしむること
三　前項の用地に正学を興し同裔の子弟を教成善化すること
四　又前項の用地に本会の主義目的に依る救世軍を編組し同裔の父母を糾合収攬して偕に外来の乱想に対抗し並に同裔実生活上の諸般脅威を除いて救援を行ふこと

外務省外交史料館所蔵　外務省記録『在内外協会関係雑件／在内ノ部　第六巻』「内鮮同裔会」

一一　一八七三年生まれ、福岡県嘉穂郡出身、中央大学卒業後東京地裁所属弁護士となった。一九一八年有隣生命保険会社取締役社長。神田生命保険株式会社取締役社長。一九二一年前後からは北海道採炭株式会社監査でもあった。一九二五年前後には図們鉄道、万朝報の社長も兼任している。

一二　大蔵省預金部『秘　天図鉄道関係融通金ニ関スル沿革』　大蔵省預金部　一九二九年　1頁

一三　同前　1頁と65頁

一四　外務省外交史料館所蔵　外務省記録『支那ニ於ケル邦人関係合弁事業表（未定稿）吉林省』「一九二九年亜細亜局第一課調査南満洲太興合名会社事業一覧」

一五　しかし、濱名は退社後も龍井村の日本領事館などに出入りし、天図鉄道起工のために動き回るほど影響力を持っていた。

一六　外務省外交史料館所蔵　外務省記録『在外朝鮮人学校教育関係雑件／吉林省ノ部　第二巻五．昭和九年』「曹洞宗間島別院概略」

一七　「曹洞宗報」六七二号　曹洞宗務院　一九二四年十二月十五日　46頁

一八　「東亜日報」一九二三年三月二十二日第三版「間島龍井村の朝鮮人銃殺事件」

一九　「東亜日報」一九二三年二月十六日　第三版「間島同胞의 自治決議」

二〇　外務省外交史料館所蔵　外務省記録『在外朝鮮人学校教育関係雑件／吉林省ノ部　第二巻五．昭和九年』「曹洞宗間島別院概略」

二一　同前

二二　外務省外交史料館所蔵　外務省記録『在外朝鮮人学校教育関係雑件／吉林省ノ部　第二巻六．昭和十年』「間島星華女学校学事状況」

二三　これは予算案附帯第三号「間島中学林設立費補助金支出の件」での林財務部長の説明である。濱名は中学林設立を曹洞宗に申請し、曹洞宗第二十八回集会で審議を行い、可決されたが、後にその計画は中止となった。「曹洞宗報」六七二号　曹洞宗務院　一九二四年十二月十五日　43頁

二四　曹洞宗海外開教伝道史編纂委員会編『曹洞宗海外開教伝道史』曹洞宗宗務庁　一九八〇年十一月　31－38頁

二五　外務省外交史料館所蔵　外務省記録『在外朝鮮人学校教育関係雑件／吉林省ノ部　第二巻五．昭和九年』「教化事業ニ対スル補助請願」

二六　外務省外交史料館所蔵　外務省記録『在外朝鮮人学校教育関係雑件／吉林省ノ部　第二巻六．昭和十年』「間島星華女学校学事状況」

第八章　樋口芝巌【宗教・教育】

一．はじめに

前述したように、曹洞宗の満洲開教は一九〇七年日置黙仙の「満鮮巡錫」をきっかけとしたと言われ、間島における曹洞宗の開教は随分遅れて一九二三年五月十四日、曹洞宗両大本山間島別院の設立した後である。日本人と朝鮮人に対する教化と救済を主な事業として活動するが、朝鮮人のための最初の活動は夜学会の設立で、この夜学会が一九三〇年六月一日より間島星華女学校と改名されるが、この学校の設立経営に直接関わったのが樋口芝巌である。彼は、一九二三年から一九三五まで間島で異民族である朝鮮人を対象に活動したことが確認できよう。しかし、樋口芝巌が間島に対してどのような思いを抱いていたか、或いは異民族である朝鮮人の教育に対してどのような思いを抱いていたかなどについて直接語ったものはないものの、彼の活動からわかるようになるのではないかと思われる。本研究では樋口芝巌の間島時代を中心に追究していく中で、問いについてひも解いていきたい。

二．人物像

『大日本人物名鑑』[1]の人物紹介を見よう。

樋口芝巌師

愛知県額田郡岩津村　龍渓院
師は明治十二年愛知県稲澤町に生る、十一歳三州本光寺住職温嶽耕堂師に就て得度し、三十二年中学林を出、三十八年曹洞宗大学を卒業、尋て宇治興寺に安居し西野石梁座下に在て接心辨道六箇年、其間四十二年山城龍雲寺に住職して初会を修行し、四十三年師跡を継で本光寺に転住、四十四年管内布教師に任せられ始て頭角を顕す、大正二年准師家として尾州乾坤院に雲衲を接得し、兼て自坊に少年少女会を組織し青年指導に熱注して地方の開発に勉め、大正三年又管内布教師となり六年二月両本山布教師として千葉県を巡教し同年又々管内布教師となり、七年本山布教師として静岡県を巡教し、同年五月巡師家の任教を遠州大洞院に移し八年本山布教にて新潟県を巡教し九年同じ任務を帯て福島県を巡教し、同年二月法類門派の公撰に依て現在地に転じ、鋭意寺門の改革を図るの側ら岡崎市に気楽会を設けて参禅の門戸を開きつ、ありしが、十年十二月抽て本山単頭に任ぜられ越山に上りて常在接化に努む、師性敦厚常に親切を旨として人を導き、加ふるに弁才縦横天成の布教家として名声嘖々たり

と、少年時代から宗教の影響を受け、曹洞宗中学林で修学し、最高教育機関である曹洞宗大学林まで出ており、一九一七年からは両大本山布教師になり、一九二一年には指導監督にあたる役になった。これは大変名誉な職務にあり、また、「弁才縦横天成の布教家」として名声が上がっていることが分かる。つまり、大変優れた経歴を持つ僧侶であった。ここでもう一つ付言しておくが、彼は既に一九四三年に「大乗起信論講話」を雑誌『法の都』に載せている。では、なぜ間島に渡るようになったかについて詳細な史料は見当たらないが、曹洞宗の満洲開教の動きについて把握する必要があるだろう。

曹洞宗の「宗報」に、満洲開教費が計上された宗務庁予算として一九一二年度に四一二四円五四銭、一九一五年度に一四二七円四十銭の記録がある。また、一九一六年に満洲布教所建設費補助金二〇〇〇円の支出が決められたと記してある。間島別院は一九二三年の設立であるが、一九二〇年三月に安藤澤成が、間島龍井駐在の布教師とし

て任命されたと言う[三]ことから既に間島の開教が始まったことが確認できよう。

当時間島は政治的不安定な地域であった。一九一九年の「三・一三」運動、一九二〇年には琿春事件と次々と朝鮮人をめぐる事件が起こり、もはや軍の力だけでは抑えようとすることに無理があり、精神的に融和していこうという時期に、安藤澤成が任命されたのではないかと推測できよう。これと同時期に既に間島経営に関わっていた濱名寛祐も、移住朝鮮人を精神的慰安する宗教団体を設立する必要性を感じた。そこで、龍井村に寺院の建設を企画すると共に表向きとしては一九二三年から実業界を引退することになる。

前述したように、濱名寛祐は日本人、朝鮮人、中国人を融和するために曹洞宗の名前を借りることにしたのである。彼は一九二三年一月に永平寺を訪れ、間島での寺院建設を申し入れる。宗務院はそれを受入れ、三月六日に寺院建設の許可を濱名に交付するとともに、曹洞宗の禅行者として受入れたのである。永平寺といえば、先述の満洲開教の第一人者日置默仙が住職として活躍したところである。

つまり、曹洞宗の動きと濱名寛祐の考えが一致していたところで、間島別院建設に運びとなり、樋口芝巌は満洲開教の担い手として派遣され、間島で活躍することになる。

布教活動とは、単に宗旨を伝える活動をするだけにとどまるものではない。宗旨を理解してもらうためには布教以外に様々な活動を行われなければならなかった。それが、教育活動、医療活動、貧困者への授産活動、その他多様な活動である。間島で行われた曹洞宗の教育活動も布教活動の一つである。曹洞宗両大本山間島別院の事業は、二つに分かれる。一つ目は日本人の教化で、活動として別院内での「定期臨時法要」と別院外での「巡回布教」、「一般法要」、「禅学実践会」、「観音講」、「観世音」の発行、「例月布教」が含まれる。二つ目は移住朝鮮人のための教化で、その活動としては、日鮮同裔を立証する「著書の刊行」、「徒弟教育」、「間島星華女学校」の経営、「日曜童話会」、機関誌鮮語冊子「週報」の発行、「間島健児団」、「佛教婦人会」、「掲示伝道」、「職業紹介」、「貧民救済」などが含まれる[四]。

日鮮同裔を立証する「著書の刊行」と関連して付言して置くが、同時期に濱名寛祐も「内鮮同裔会」設立の運動を行う。それについて一九二四年十二月二十七日に警視総監である太田政弘は内務大臣、外務大臣、文務大臣、社会局、福岡朝鮮各道府県長官、朝鮮総督府警務局長、東京憲兵隊長宛に次のように報告している。

内鮮両民族ハ同祖同裔ニシテ歴史地理的ニモ共存共栄ノ因縁理法ヲ有スルニ不拘内地人ハ朝鮮同胞ヲ遭遇スルニ恰モ異邦ノ民ナルカ如ク頗ル冷淡ニンテ二千万同胞鮮人ハ等シク帝国ヲ呪ハントシ東満洲間島ノ日支露国緩衝要地ニ於テ陰ニ陽ニ帝国ノ国際関係ヲ危険ニ陥ラシメントシツヽアリ現状ヲ以テ推移センカ実ニ帝国存立上憂惧措ク能ハサルモノアリト做シ国外ニ在住スモ朝鮮同胞ヲ日本国教ニ帰依渇仰セシメ以テ内鮮融和ヲ図リ其ノ福利ヲ増進スル趣旨ノ下ニ「内鮮同裔会」ヲ設立スヘク目下頻ニ奔走中ナリ

而シテ尚之ヲカ輿論ヲ喚起スル為「日鮮融和提唱」及「間島観世要論」ト題スル冊子等ヲ各知名士間ニ配布シテ之カ賛同ヲ求メツヽアルカ過般東京憲兵隊ニ朝鮮問題ノ講演ヲナスヘク申込ミヲ為シタリト称シ真摯熱誠ナルモノアリテ相当活動ヲ為スモノト期待セラル[五]

上記により、間島から引き上げてすぐに東京の自宅を内鮮同裔創立仮事務所として活動し始めたことから本章の主人公も賛同し、同じ道を歩むことになったと推測できるが、濱名寛祐にしても樋口芝巌にしても日本人と朝鮮人は同祖同裔であるため、日支露の緩衝地域である間島において、日本人と朝鮮人の融和を図る。その目的は日本帝国の存立を確保するためであるとしている。朝鮮総督府の主張に近いもので、「日鮮同裔」論を通じて、朝鮮半島支配の正当化、ひいては間島支配の正当化を図ろうとしたと思われる。

主人公たる樋口芝巌の思想には、間島朝鮮人支配の必然性があり、その考えの下で「日本国民タルノ本分ヲ獲得セシムルヲ以テ目的トスルモノニテ」[六]間島教育に関わったと思われる。

三　星華女学校

星華女学校の企画・設立に直接関わったのが、樋口芝巌である。

本校ハ曹洞宗両本山間島別院ノ女子夜学会トシテ前別院主任樋口芝　師始メテ鮮人婦女子為メニ初等教育ヲ施ス可ク開始シ大正十三年一月十八日附ヲ以テ在間島総領事鈴木要太郎氏之レヲ許可ス爾来引続キ夜学会トシテ昭和五年五月三十日暴徒襲撃事件迄継続セリ然ルニ此ノ事件以後婦女子ノ夜間出入り禁止セラレタルヲ以テ同年六月一日ヨリ昼間教授ニ変更シ名称ヲ間島星華女学校ト改メ昭和六年四月五学級制トナシ翌七年三月六学級制ニ進メ朝鮮総督府令普通学校ニ準シテ授業ヲ施シテ今日ニ及ブ[七]

と、間島別院主任である樋口芝巌は朝鮮人婦女のために女子夜学会の設立を在間島総領事の鈴木要太郎に申し入れた。一九二四年一月十八日に許可がおり、一月二〇日より曹洞宗両本山間島別院の女子夜学会が創立され、主に初等教育を行った。夜学会は一九三〇年五月三〇日まで引き続き運営されたが、五月三〇日に「五・三〇事件」[八]が起こったため、婦女子の夜間出入りが禁止された。このことから同年六月一日から昼間の教授に変更し、校名も星華女学校に改名された。一九三一年四月から五学級制、一九三二年三月からは六学級制に改め、朝鮮総督府令普通学校に準じて授業を行った。

星華女学校経営の目的は、

本校ハ朝鮮婦女子ノ為メニ初等教育ヲ授クルヲ以テ目的トナセドモ一方日本仏教ノ精神ニ基キ信仰ヲ主体トスル精神教育ヲ施シ卒業後ハ一家ノ主婦トシ良妻且賢母ナルハ勿論日本婦人タルノ面目ヲ継続セシムルヲ主眼トス。然シテ入学児童ハ貧困ナル家庭ノ子女又ハ向学心ハアレドモ他ノ正規ノ学校ニ入学シ能ハサル可憐ノ児童ノ為メニ門ヲ開キ社会強化ノ実ヲ挙ゲ無智文盲ヨリ遠ザケ信仰ト教授トノ完成ヲ計ルヲ以テ目的トナス[九]

と記されている。つまり、星華女学校は一つの目的を持って設立されたのである。一つは朝鮮総督府が定めた教育方針による初等教育を実施するもので、今一つは日本仏教の精神に基づき信仰を主体とする精神教育を実施するものである。対象としては社会の弱者である婦女子である。また、精神教育を実施することによって良妻賢母だけではなく、日本婦人を「養成スル」という目標をもっていたことに注目したい。先述したように、星華女学校を実際に企画し、推進した樋口芝巌の朝鮮人に対する意識は朝鮮総督府と近いもので、間島は朝鮮半島の延長線として朝鮮総督府経営普通学校、朝鮮総督府経営補助学校と同じく、朝鮮総督府令によって教育を行ったのである。この時期の朝鮮教育令は第二次朝鮮教育令期である。

姓名	有給／無給	職責	担任の学級の科目	就任の年月
樋口芝巌	無	校長	第五六学級の修身	大正十三年一月
韓啓星	有	教師	第五六学級の各科	昭和三年十月
朴貞実	有	同	第三四学級の各科	昭和四年九月
金姓恩	有	同	第一学級の各科	昭和八年六月
全鳳仙	有	同	第二学級の各科	昭和九年四月

星華女学校の教科編成は、設立当時に目的としていた朝鮮総督府が定めた教育方針による初等教育を実施すること、日本仏教の精神に基づき信仰を主体とする精神教育を実施することを持って組まれていた。言語教育としては日本語・朝鮮語が入っているが、これは朝鮮半島の延長線という朝鮮総督府の主張に基づいて日鮮融和を目的に、国語としての日本語教育あり、また、国語（日本語）科目は勿論、修身科目も日本語によって実施していた。当然、国史、地理教育は日本歴史と日本地理であった。つまり、「日本国民タルノ本分ヲ獲得セシムルヲ以テ目的トスルモノニテ」日本語教育も行われたと思われる。所謂日本国民として教育するには日本本土と共通の言語を普及させねばならなかったであろう。

一九三四年七月調査での児童数は、第一学級六十五名、第二学級四十五名、第三学級三十六名、第四学級二十七名、第五学級十四名、第六学級七名で、合計一九四名である。教員としては、一九三四年七月調査[10]では樋口芝巌以外には朝鮮人の名前が挙げられている。

当時、朝鮮人が圧倒的に多い間島という地域の特殊性により現場の教員も朝鮮人が中心となっていることは自然であろう。しかし、一九三四年十二月二十一日に樋口芝巌が退職辞任し、谷洞水が新校長として一九三五年一月十九日に着任する。谷洞水は山口県生まれで、東京曹洞宗大学を卒業した人物である[11]。一九三五年に作成した一九三四年度の報告書[12]では日本人教師が三名になり朝鮮人教師はそのまま引き続く。

樋口芝巌　本校設立経営者校長の同氏は、昭和九年十二月二十一日退職辞任
谷　洞水　新校長として昭和十年一月十九日着任
李茂一郎　昭和十年二月一日課外講師ニ嘱託就任
伊藤福一　昭和十年三月一日付同上
韓　啓星　昭和三年十月就任勤続
朴　貞実　昭和四年九月就任勤続
金　姓恩　昭和八年六月就任勤続
全　鳳仙　昭和九年四月就任

ここでは、樋口芝巌が退任以降の間島星華女学校について触れておこう。一九三七年十一月五日、新京において植田謙吉日本特命全権大使と張景恵国務総理大臣との間に「満洲国に於ける治外法権撤廃及び南満洲鉄道附属地行政権の移譲に関する日本国、満州国間条約」が締結された。これによって治外法権は全面的に撤廃され、在満朝鮮人教育の「満洲国」移譲により新学制に沿って実施され始めた。この新学制によって私立学校及び外国人経営学校は再編成され、一九三九年には十六校しか残らず、「満洲国」の学校に改編及び吸収された[13]。「康徳五年末迄ニ既学校ノ公立改編ヲ殆ンドナシ、私立学校ハ独逸人経営ニ係ル十数校アルヲモ、康徳十一年一月省デ接収シ、現在私立

学校ハ龍井街ノ私立財団法人龍井女子実践学校一校ノミデアル」[一四]ように、「満洲国」の民族教育抹殺政策によって殆どの私立学校及び外国人経営学校の姿は、消してしまったのである。このような「満洲国」間島省の教育制度改革により間島星華女学校も一九四四年三月に協陰女子師範科に変わった[一五]。しかし、協陰女子師範科の実態については今のところ不明である。

四．おわりに

曹洞宗の満洲開教の始まりと共に、その担い手として間島に派遣された樋口芝巌は、曹洞宗両大本山間島別院の設立した後に、日本人と朝鮮人に対する教化と救済を主な事業として活動する。しかし、彼の思想のなかには、日本帝国の存立を確保するためには日支露の緩衝地域である間島において、「日鮮同裔」論を通じて日本人と朝鮮人の融和を図ろうとした。そのため、彼が設立・経営に関わった星華女学校においても反映され、朝鮮総督府が定めた教育方針に沿って、また日本仏教の精神に基づいて教育を行った。また、日本語教育も日鮮融和と「日本国民タルノ本分ヲ獲得」する目的で、国語として教えられた。ひいては、修身も日本語で、歴史・地理も日本歴史と日本地理を教えていたことが確認できた。最後に樋口芝巌の略歴[一六]と「間島星華女学校歌」を添付しておく。

略歴

一八七九年十月五日　愛知県に生れ
一九〇〇年　曹洞宗第八中学林を卒業する
一九〇六年七月　曹洞宗大学林を卒業する
一九一一年四月一日　愛知県第九宗務所管内布教師に任せられる
一九一三年三月二十六日　准師家に任せられる　愛知県知多郡東浦村乾坤院僧堂に常任する
一九一七年二月一日　大本山布教師に任せられ、千葉県を巡回する

一九一八年二月一日　大本山布教師として、静岡県を巡回する
一九一八年五月三十日　准師家として、静岡県周智郡森町大洞院僧堂に移る
一九二〇年二月六日　愛知県龍渓院に転任する
一九二一年十二月十六日　大本山永平寺単頭に任せられる
一九二三年三月六日　曹洞宗両大本山間島別院院主兼布教師に任せられ、間島に赴任する
一九二五年三月号－一九三四年十二月号　月刊誌「観世音」を発行、累計百五号
一九三五年二月十二日　間島別院主を辞任して日本に戻る
一九四八年五月四日　龍渓院退院
一九六七年十月十一日　九十三歳でなくなる

間島星華女学校歌

世を救いますみ仏の、ふかきめぐみにはごくまれ、
みなもと遠き曹洞の、きよきながれにゆまみして、
身も心もうつくしく、智恵もなさけもありあけの、
月のごとくにまどかなる、人とならばやもろともに。

（仲彰一『大沢山龍渓院誌』一九七六年　121頁より）

一　ルーブル社出版部編『大日本人物名鑑』巻五－一　ルーブル社出版　一九二一年　18－19頁
二　樋口芝巌「大乗起信論講話」『法の都』法の都社　一九一〇年三月一日
三　槻木瑞生「満洲における日本仏教教団の異民族教育」『植民地期満洲の宗教』柏書房　二〇〇七年　252頁より再引用
四　「曹洞宗間島別院概略」『在外朝鮮人学校教育関係雑件／吉林省ノ部　第二巻』。尚、「曹洞宗韓国開教規定（明治四十一年）」の

第一条にも、布教の対象と事業について、韓国在留日本人を布教の中心として、将来的な見通しとして、韓国の僧侶と民衆との教導教育をするとある。

五　外務省外交史料館「内鮮同裔会」『在内外協会関係雑件／在内ノ部　第六巻』

六　これは樋口が朝鮮総督府に補助金を申請する際に間島星華女学校経営の目的を述べたものである。

七　「間島星華女学校学事状況」『在外朝鮮人学校教育関係雑件／吉林省ノ部　第二巻』

八　間島共産主義運動は一九三〇年に入って活発な動きを見せた。延辺党部は「五・三〇上海ゼネスト」を記念して間島で大規模な闘争を起こすことを計画した。一九三〇年五月三〇日夜半龍井村と頭道溝から始まり、ビラを散布しながら日本領事館、東拓、警察分館、民会などを攻撃した。つまり、彼らの攻撃の対象は間島における日本の統治機関及び関連機関である親日朝鮮人、民会、朝鮮総督府経営書堂などである。翌日にはその範囲は漸次拡大し間島全土に広がった。李盛煥著『近代東アジアの政治力学－間島をめぐる日中朝関係の史的展開－』錦正社　一九九一年　266－267頁

九　「間島星華女学校学事状況」『在外朝鮮人学校教育関係雑件／吉林省ノ部　第二巻』

一〇　「間島星華女学校経営状況」『在外朝鮮人学校教育関係雑件／吉林省ノ部　第二巻』

一一　『在満朝鮮人教育調査表』満洲帝国国務院文教部　一九三六年十月

一二　「間島星華女学校学事状況」『在外朝鮮人学校教育関係雑件／吉林省ノ部　第二巻』

一三　許寿童「日本の在満朝鮮人教育政策一九三一－一九三七－間島の朝鮮人私立学校を中心に」『一橋研究』二七（二）　二〇〇二年七月　82頁

一四　延辺朝鮮族自治州档案館所蔵　間島省公署「康徳十一年度・間島省文教要覧」満洲国文教部

一五　槻木瑞生「アジアにおける日本宗教教団の活動とその異民族教育に関する覚書－満洲における仏教教団の活動」『同朋大学仏教文化研究所紀要』二二　二〇〇二年　10頁

一六　仲彰一『大沢山龍渓院誌』一九七六年　191－199頁より作成

第九章　安東貞元、山崎慶之助、飯塚政之【メディア】

一．はじめに

本章は間島で発行された邦字新聞である『間島新報』を言及する中で、創立・経営に関わった安東貞元、山崎慶之助、飯塚政之について触れたいと思う。本研究では『間島新報』発刊の背景、性格、方針、関わった人物像、教育に関する新聞記事の分析を行う。

二．『間島新報』発刊の背景と設立

『間島新報』は一九二一年七月十六日日本外務省と朝鮮総督府の補助金によって間島で発行された邦字新聞で、一九三九年一月一日まで続いた。

そこで、在間島総領事領事堺與三吉が外務大臣に送った報告書を見よう。

合資会社『間島新報』の創立の経過

大正九年秋冬ニ我軍隊出動シ間島不逞鮮人討伐ノ際宣伝機関トシテ新聞紙ノ発行ヲ促シ官民一斉ニ具必要ヲ唱導スルニ至リシガ議ハ遂ニ熟進シ本年四月二日幾多ノ曲折ヲ経テ間島邦人有志者ノ結束ヲ以テ合資会社組織トシテ邦鮮文別刊ノ間島新報ヲ発行スル事トナレリ然ルニ経営上其筋ノ補助ヲ得ズシテハ到底存立ノ望ナク当時堺領事ハ外

務省及朝鮮総督府ニ向ツテ補助ノ申請ニ努力セラレタリシガ間島宣伝機関ノ設定ニ就テハ当局ニ於テモ之ヲ認メテル際トテ結局壱萬圓ノ創立費ト卸額補助金七千圓ヲ支出セラル事トナリ…

出資額

金壱千円　無限責任　安東貞元

金五百円　同上（八月十六日死去）山崎慶之助

金壱千円　有限責任　宮長熊太郎（間島龍井村居留民大會實行委員長）

金五百円　同上　戸澤民十郎（圖們鐵道（株）監査）

金五百円　同上　日高丙子郎…

計　金六千百円也

大正十年五月九日

間島龍井村合資会社間島新報社」

ここから「間島不逞鮮人討伐」の宣伝機関として新聞発行することになったことが確認できよう。ここで、出資者として山崎慶之助と安東貞元が出てくるが、彼らは既に各自『間島時報』と『東満通信』を経営していたが、『間島時報』は経営不振から停刊になってしまう。

軍部は「軍事行動ニ関スル内外人ノ誤解ヲ防クタメ最モ痛切ニ其急務ヲ感シタル結果[二]」との理由から新聞発行を急いでおり、『東満通信』に頼るか、『間島時報』を復活させる予定であったが、結果的には『間島新報』という名前で一九二一年に間島邦人有志者の合資会社組織として、日本外務省と朝鮮総督府の補助金によって設立された。その中、無限責任者として安東貞元と山崎慶之助の名前が挙がっているが、一九二一年八月十六日に山崎慶之助が死去したため、実質的には安東貞元が無限責任者となった。また、内田大臣より堺総領事に『間島新報』補助金八百七拾五円を送付したとの連絡があった。そして、七月十六日に邦鮮文両新聞の創刊号を発刊した。

しかし、外務省の朝鮮総督府の支援の下で設立された「間島新報株式会社」は、その後補助金の廃止により、またも経営難に陥ってしまった。

当地発行間島新報ハ大正十年五月朝鮮総督府及外務省ヨリ補助金ヲ仰キ経営シ来リタル処同十三年十月補助金ノ廃止ニ固リテ俄ニ経営難ヲ来タシタリシモ同紙発刊以来当地方内地人ハ固ヨリ**国語ヲ解スル在住鮮人ノ信用ヲ博シ**特ニ近来当地方在住鮮人ノ増加ニ伴ヒ**国語ヲ解シ且ツ相当知識ヲ有スル鮮人ノ増加**ヲ見ツツアリテ此等ノ朝鮮人ハ諺文新聞ヨリハ寧ロ邦字新聞ヲ愛読スルノ傾向顕著ニシテ**在住鮮人ノ誘導及文化ノ宣伝上其ノ効果**ノ少カラサルモノアリ

ここで注目すべきは「国語ヲ解シ且ツ相当知識ヲ有スル鮮人ノ増加」していることによって「在住鮮人ノ誘導及文化ノ宣伝上其ノ効果」が大きいということである。当時間島では日本人経営学校が増えており、また殆どの私立学校でも日本語を教えていたので、その効果として表れたのではないかと思われる。『間島新報』は発行部数四七〇部から八〇〇部、さらに一七〇〇部に増加していったことからも逆に邦字新聞によって日本語の普及に一定の効果をもたらしたとも思われる。

一九二六年一月十二日に安東貞元の死去によって彼の相続人である安東次郎が無限責任者社員になった。しかし、学業のための本人の申出により親族であり、間島新報発行総編集人で、実際経営の任に当たっている飯塚政之が無限責任者社員にならせようとしたが、後には社長になった。

ここで、飯塚政之の履歴書を確認しよう。

原籍　愛媛県松山市春日町六十番地
現住所　支那間島龍井村商埠地
戸主士族　飯塚政之
明治二十八年十一月廿日生

明治四十五年三月愛媛県立松山商業学校卒業後、同年四月上京、大正二年末マデ先輩ノ薫陶ヲ受ケテ主ニ文学ヲ学ブ
大正三年一月満洲本渓湖ニ於テ元支那粛親王所有ノ王宝山ト称スル石灰山ヲ入手シ石炭製造販売業ヲ営ミ南満洲鉄道株式会社指定方面トナ
大正八年五月右自己ノ業務ヲ中心ニ資本金五十万円ノ現存奉天石灰セメント株式会社ノ創立ニアタリ之ニ業務一切ヲ売渡シ同年八月帰国ス
大正九年、大連五品取引所株ヲ購入シテ株価下落ノタメ私財全部ヲ失フ
同十年五月ヨリ同十三年十二月間島ニ入ルマテ満洲撫順ニ在リテ煙台支那炭鉱産出ノ硫化鉄鋼石ヲ買占メ之ヲ南満洲鉄道株式会社ニ売込ムヲ以テ業務トス
以上前後ヲ通シテ十一年間ノ満洲生活中
大連・奉天・撫順等ノ各新聞社ノ社友トナリテ寄稿シ居タル関係上妻ノ伯父ニアタル故間島新報社長安東貞元ヨリ同社ノ主幹ニ招聘サレ、大正十三年十二月赴任、今日ニ及ビタルガ目下大阪毎日新聞社ノ間島通信員ヲモナシ居レリ

大正十五年四月一日　飯塚政之

つまり、文学を学んだ彼が、商売に走り、後に親戚である安東貞元経営の間島新報社の主幹になり、最終的には社長の座を継ぐようになったのである。飯塚政之は新聞発行の傍ら『間島琿春事情案内』間島新聞社　一九二七年附図も出版している。

しかし、治外法権撤廃により『間島新報』も廃刊することになるが、詳細については今後の課題とする。

三．教育に関する記事

『間島新報』は「地方事情紹介ヲ主トシ時事問題其他ノ言論ヲ従トス[四]」ることになっていた。ここでは、間島地域の教育に関する記事を取り上げるが、史料状況から主に四つのカテゴリーに分けることができる。

三．一　日高丙子郎及び彼に関連する新聞記事

①　光明語学校の閉校式小学校内に挙ぐ

日高丙子郎氏の人格的結晶となって生れたる光明語学校は其の準備完成し去る十九日午後一時を以て龍井小学校内に開校の式が挙げられた、当日は春陽和らかに地上を射し宛かも同校の開校を祝福するもの、如くであった、既にして定刻前当地在住の官民貴賓は正装して式場を指して集ふ…

一九二二年二月二十一日

②　熾烈な鮮婦人の向学心／学校当局を動かす

日高丙子郎氏の経営する光明女学校は去る一日仮開校式を挙行したことは既報の通りであるが日高主幹が間島文化の促進に鋭意奔走しつ、あること既に宣伝されて居ることで内容の充実を予期し且つ同校が専ら朝鮮婦人を収容するといふので著しい向学熱に浮かされた鮮人のことだけに相当年齢者が夫君の後助けに適せる常識を補はんと予想以上の期待を持て迎へ応募人員八十余名に上り尚ほ続々希望者があって

一九二二年五月三日

『間島新報』の出資に関わった日高丙子郎が経営する光明語学校、光明女学校について大きく取り上げ、宣伝していたことが確認できる。

三、二 満洲国以降の教育方針について

③ 朝鮮人子弟教育問題／現実に即して邁進／間島教育諮問会議の／意見合致

昨報公開禁止裡に行はれた間島省公署教育庁お教育関係者諮問協議会その後の経過に付確聞する所によれば工藤光明女部長が会議劈頭において教育精神の帰趨問題に関し投じた一石は俄然波汶を描き会議の進行頗る憂慮されたが小坂部副領事より国籍問題未だ解決を見ない今日において教育精神の帰趨なり教育体系を論ずるは、時期尚早であるこの問題で会議を進行せんとせば到底円滑に行くまいと思ふ故に本席上においては凡ての法的理論を避け朝鮮人子弟の教育を如何にすればよいかといふ時勢に即した方策を協議すれば如何と意見を開陳しかくて現実に即し協議を進めた結果朝鮮人子弟教育は教育勅語を奉戴して進みこれに満洲建国の王道精神を注入すればよいと云ふ意見に一致点を見之に基いて会議は一瀉千里に進行午後四時松下総務庁長の閉会辞を以て平穏裡に閉会した

が協議事項中決定りせる重なる項目は左の如し

一、教育体系に関する件は教育精神の基調問題解決すればこれと附随して自ら解決を見るべきものと信ず

一、教育方策朝鮮人の立場現在の東洋体勢に鑑み教育用語は日本語を以てしこれに満洲語を必修科目として教程に入れ、各科目は臨機応変に定める教科書は朝鮮総督府所定の教科書を原則とし内容改編其他教授時間増減は各校当局で臨時応変す

一、私立学校の統制問題本件各科目は従来認可及び指導監督は日本側でなしつ、あつたが手の届かぬところもあつて認可、指導監督共に今後は満洲国側において取計ひを願ふと云ふ私立学校側からの要望もあったが要は経済問題にありとし朝鮮人間に於ていろいろ意見が出たが結局一致をみず

…

一九三五年六月二十六日

満洲国以降の間島の朝鮮人子弟教育方針について、日本教育者と満洲国官吏との間に考えの違いがあるが、教室では、「教育用語は日本語を以てしこれに満洲語を必修科目として教程に入れ」ることにしたことが確認できる。

三．三　治外法権撤廃に伴う学校状況

④　永き歴史に輝く／中央学校道立病院総合委譲式／官民数千名参列し二十四日盛大に挙行

既報、間島における朝鮮総督府咸鏡北道施設にかかる龍井の間島中央学校並に道立龍井医院は何れも統監府時代に在住間島朝鮮人のため設立され三十年の歴史を有するが今般治法撤廃により満洲国へ委譲されることになりこれが委譲式は予定の如く二十四日午後二時より間島中央学校大講堂において児島咸北知事　籔内学務課長和衛生課長列席の下に地元より川村総領事以下在龍日満官民有志、両機関職員、児童等数千名参席

創立以来卅年一貫　所謂中央学校精神を発揮　更めて間島文化の啓発

顧みれば間島中央学校は明治四十一年七月一日当時の統監府臨時間島派出所監督の下に勧告学部で創設し間島普通学校と称して開校したもので丁度三十年を歴しているが開校当時は一、二学年の二学級で児童は僅か五十四名であったが三十年後の今日では千三百六十五名の児童を有している、開校後明治四十四年六月十日附で間島公立普通学校と改称し大正四年に簡易農業学校を付設し同十年七月末日に農業学校を廃止して現在の間島中央学校と改称するとともに高等科を設け、大正十三年十月学則を変更して普通科六年、高等科二年にし現在に至ったものである。この間に同校から社会へ送られた卒業生は普通科（二十七回）千九百三十六名高等科（十四回）四百六十一名で合計二千三百九十七名の多数に上り現在その大部分が間島内の各地に散在し各層、各機関の構成分子をなし、所謂中央学校精神を発揮しているが間島の産業開発において又は文化向上に偉大な功績を納めている現在の就学児童数は千二百六十三名が普通科百二名が高等科である。なほ歴代の校長は左の諸氏であった。

鈴木信太郎　川口卯橘　森新助　菅野啓一　永瀧久吉　市川庄五郎　佐々木正通　木金昌孝

一九三七年十一月二十五日

結局、治外法権の撤廃により「間島文化の啓発」に尽力した日本側経営の学校は満洲国に移管されることになった。

三．四　私立学校紛糾について

⑤　大成中学紛糾／急転直下解決せん／今明中に当局断案

屡報、大成中学校紛糾問題は以来ますます拡大化し当事者間においては到底解決の見込が立たぬ状態に陥つたので、愈よ総領事館当局が事件解決に乗り出し、今明日中に急転直下解決される模様であるが、先づ両派から問題解決の対策を聴取したのちこれを基礎にして公正な立場から解決案を下すことになるものと見られている。

一九三五年八月二十九日

⑥　東興中学の同盟休学／鮮内の教育を排撃する／言語道断の暴挙

龍井郊外所在、私立東興中学校は従来種々の不祥事を起し其の存在の是非を問はれているが、またまた忌はしき事件を起し三日より同盟休学を始めている

原因は同校教員団で新年度より従来の教育方針は時勢に適せぬばかりでなく子弟の前途を過るものなりとし朝鮮内における高等普通学校の教育方針に準ずることとし先づ

一、教授用語を日本語に

一、生徒の頭髪は丸刈りにする

むねを同校教員金国鎮氏より生徒に伝達したところ去る一日正午ごろ学生側は学友会を開いて金教員の所謂新

教育方針に対し絶対に反対すると唱へ全桂協、鄭京熙太貞元等八名が代表者に挙げられて学校当局に金国鎮教育の免職を要求するとともに既定教育方針に変更を加へざること、学生の自由を制せざること等を迫ったので之に対し同校長林啓学氏は新教育方針に反対する者は断然退学処分に附する旨を宣言し、生徒等の反省をうながしたところ三日に至り一部学生の煽動によって遂に同盟休学の決行となったものである、なほ総領事館警察署においては此の事件を重大視し、首謀者と見なされるものを続々検挙中である。

一九三六年二月五日

⑦　三教員の免職に端／恩真中学校同盟休校／三年生が中心となり／相当紛糾する模様

問題の中心になる教員は同校の方斗炳、呉翼煥、厳占得三氏で遠因はいろいろ噂されているが学校当局の理由とするところは前記三教員は同校校長プルース氏の教育方針に反対を唱へ、且つややもすれば同僚教員との間に派閥的色彩を有し和睦を損ぜんとする事実もあるので八日午後四時恩真中学校理事会の決議により免職処分に決したものである。

これにつき同校第三学年生二十余名（担任厳教員）第四年生二、三名、第一、二学年生約十名合計三十数名は免職三教員に同情しブルス校長の処置に不満を抱いて同日午後同盟休校を断行したるものでこれら学生は他の生徒にも暗に盟休を呼びかけているので紛糾は拡大する恐れがある、翌九日朝に至り学生らは全部登校したが授業を受けず第三年生らが二時間目から教育に入り次に三時間目から第二年級甲組のみが授業をうけているほかは校庭をウロウロしている（九日正午現在）

一九三六年六月一〇日

当時間島には六つの中学校があり、朝鮮人私立学校四つと日高丙子郎経営学校が二つあった。その中で、朝鮮人経営私立学校経営を巡って起きた不祥事を繰り返し発信していたことが分かる。

四．おわりに

『間島新報』は表面的には日本人個人（安東貞元、山崎慶之助、飯塚政之、）経営になっているが、実際は日本政府（日本外務省と朝鮮総督府）の方針によって設立され、政府系のメディアとしての役割を果たしていた。そのため、新聞に投資した日高経営の学校を始めとする日本人経営学校についてはプラス情報のみを発信し、その代わりに朝鮮人経営私立学校に対しては負の情報のみを発信していたことが確認できた。また、日本側教育の浸透によって日本語を解する間島人も増え始め、新聞の発行部数も増えたが、逆に邦字新聞の発行によって日本語の普及にも促進作用を果たし、ある意味で相乗効果をもたらしたと思われる。

満洲国設立後、朝鮮人に対する教育方針について相当葛藤があり、治外法権撤廃によって最終的には満洲国の教育方針によって実施することになり、間島で唯一の邦字新聞である『間島新報』も廃刊することになったと思われる。

一　大正十一年二月六日在間島総領事堺興三吉発内田哉外務大臣宛「間島新報経営状況及補助金継続方ニ関スル件」

二　堺総領事代理　内田外務大臣　大正九年三月一八日

三　機密第二五号　大正十一年六月廿四日　外務省外交史料館 1-3-1-1_33_001 新聞雑誌操縦関係雑纂「間島時報改メ間島新報」

四　昭和七年一月二十九日　在間島総領事岡田兼一→外務大臣芳澤謙吉宛「新聞及通信ニ関スル調査報告ノ件」外国新聞、雑誌ニ関スル調査雑件 第一巻 A-3-5-0-3_001（所蔵館：外務省外交史料館）

終　章　おわりにかえて

本書は、間島における日本語教育と関連して間島の政策・教育・宗教・メディアに関わった日本人十一人（九章）に関する内容で、筆者がこれまでに書き留めてきた拙稿九編を集成したものである。参考までに初出一覧を示せば次の通りである。

○「間島における日本人個人経営の永新学校について」『地域文化研究』第三号　二〇〇五年五月
○「曹洞宗両大本山間島別院星華女学校について」『比較文化研究』第七十一号　二〇〇五年十二月
○「日本人と間島―鈴木信太郎を中心に―」『地域文化研究』第十二号　二〇一五年三月
○「日本人と間島―斎藤季治郎を中心に―」『韓国言語文化研究』第二十二号　二〇一六年一月
○「間島における日本人―川口卯橘を中心に―」『東アジア日本語教育・日本文化研究』第十九輯　二〇一六年三月
○「日本人と間島―曹洞宗大本山布教師・樋口芝巖を中心に―」『中日韓比較文化研究』二〇一六年十二月
○「満洲・間島における日本人―満洲語学者の渡部薫太郎を中心に―」『韓国言語文化研究』第二十五号　二〇一七年一月
○「満洲・間島における日本人―工藤重雄を中心に―」『韓国言語文化研究』第二十六号　二〇一七年二月
○「間島における日本人―邦字新聞及びそれに関わった人物を中心に―」『日本語言文化研究』第六輯　投稿中

二〇一七年五月予定

しかし、各章相互間の連関を考慮して一部添削・再編し、論文発表後に得た新たな知見に基づいて訂正しており、既発表論文の単なる再録ではないと言える。満洲・間島地域の教育、日本語教育を含めて政策・実態などあらゆる面に於いて未解明の部分が多いものの間島研究に本書が一助になれば幸いである。

本研究は日本学術振興会より科研費助成を受けた基盤研究（C）15K02642の成果の一環である。ここにお礼を申し上げたい。

本書の出版に際しては、有益なコメントとご指摘をくださった槻木瑞生先生、西岡健治先生、松原孝俊先生、そして、花書院の二本木一哉氏に心より感謝の意を表す次第である。また、いつも忘れがちな夫、二人の子への感謝の気持ちも、ここに記しておきたい。

最後に、筆者自身、九州大学留学生センターに着任してから三年間、留学生教育に携わりながら本研究を滞りなく進めてくることができたのは大学という組織に於いてセンター運営委員からの激励があったからこそであり、ここに深く感謝申し上げたい。

参考文献

統監府臨時間島派出所『統監府臨時間島派出所紀要』一九〇九年十一月
藤村忠助編『京城日報社誌』京城日報社　一九二〇年九月一日
ルーブル社出版部編『大日本人物名鑑』巻五ー一　ルーブル社出版　一九二一年
朝鮮総督府内務局社会課編『満洲及西比利亜における朝鮮人教育』一九二三年
工藤重雄抄訳『三十年前の朝鮮』東亜経済時報社　一九二五年
朝鮮総督府警務局編『吉林省東部地方の状況』朝鮮総督府　一九二八年三月
篠田治策『間島問題の回顧』一九三〇年
南満『在満朝鮮人教育調査表』満洲帝国国務院文教部　一九三六年十月
満洲鉄道株式会社東亜経済調査局『間島問題の経緯』東亜経済調査局　一九三一年
『在満朝鮮人教育調査表』満洲帝国国務院文教部　一九三六年十月
黒龍会編『東亜先覚志士記伝』下巻　原書房　一九六六年
金正明編『朝鮮独立運動』第二巻　原書房　一九六七年
宋炳基他編『韓末近代法令資料集Ⅴ』大韓民国国会図書館　一九七〇年
仲彰一著『大沢山龍渓院誌』一九七六年
曹洞宗海外開教伝道史編纂委員会編『曹洞宗海外開教伝道史』曹洞宗宗務庁　一九八〇年十一月

復刻版『帝国大学新聞』第十二巻　不二出版　一九八四年
篠田治策編著『統監府臨時間島派出所紀要』亜細亜文化社　一九八四年
阿部洋著『中国の近代教育と明治日本』福村出版　一九九〇年
『外務省特殊調査文書』第六十巻　高麗書林　一九九〇年
渡部学・阿部洋編『日本植民地教育政策史料集成（朝鮮編）』龍渓書舎　一九八八年－一九九一年
李盛煥著『近代東アジアの政治力学－間島をめぐる日中朝関係の史的展開－』錦正社　一九九一年
大阪外国語大学七〇年史編集委員会編『大阪外国語大学七〇年史』大阪外国語大学七〇年史刊行会　一九九二年
十一月
「満洲国」教育史研究会監修『「満洲・満洲国」教育資料集成』三期十二巻　エムティ出版　一九九三年
芳賀登外編集『日本人物情報体系』皓星社　一九九九年、二〇〇一年
稲葉継雄著『旧韓国の教育と日本人』九州大学出版会　一九九九年
竹中憲一著『「満州」における教育の基礎的研究』「第5巻　朝鮮人教育」柏書房　二〇〇〇年
稲葉継雄著『旧韓国～朝鮮の日本人教員』九州大学出版会　二〇〇一年十一月
永田圭介著『競雄女侠伝－中国女性革命詩人秋瑾の生涯－』編集工房ノア　二〇〇四年
玉名市立歴史博物館こころピア編『玉名市史　通史篇下巻』玉名市　二〇〇五年三月
李相哲著『満州における日本人経営新聞の歴史』凱風社　二〇〇五年五月
金珽実著『満洲間島地域の朝鮮民族と日本語』花書院　二〇一四年三月
鄭炳旭・板垣竜太編『日記が語る近代：韓国・日本・ドイツの共同研究』同志社コリア研究センター　二〇一四年
三月
Andrew Hall・金珽実編著『満洲及び朝鮮教育史－国際的なアプローチ－』花書院　二〇一六年三月
石濱純太郎「故渡部薫太郎先生　附渡部先生論著目録」『東洋史研究』二（一）一九三六年

上原久「渡部薫太郎の満洲語学（一－二）」『埼玉大学紀要』人文科学篇　十四－十五巻　一九六六年－一九六七年
槻木瑞生「間島朝鮮族と学校－一九一〇年代の中国朝鮮族と学校の展開－」『近代日本のアジア教育認識－その形成と展開』　一九九六年
槻木瑞生「アジアにおける日本宗教教団の活動とその異民族教育に関する覚書－満洲における仏教教団の活動」『同朋大学仏教文化研究所紀要』（同朋大学仏教文化研究所）二十二　二〇〇二年
許寿童「日本の在満朝鮮人教育政策一九三一－一九三七－間島の朝鮮人私立学校を中心に」『一橋研究』二十七（二）　二〇〇二年七月
林雄介「中朝国境と日本帝国主義　朝鮮人親日派問題」季武嘉也編『日本の時代史二十四　大正社会と改造の潮流』吉川弘文館　二〇〇四年
木場明志「日本仏教の満洲布教と現地仏教再編の試み」『植民地期満洲の宗教』柏書房　二〇〇七年
秋月望「華夷秩序の境界から国際法的な〝国境〟へ－朝鮮と清の境界地帯をめぐる研究史－」『研究所年報』十二号　二〇〇九年十二月
Zheng Xin Hua・Hyun-Joo, Lee「《間島新報》とその音楽記事に関する研究」『南北文化芸術研究』二〇一一年六月
岸田文隆「日本の満洲語学習のための工具書について」『第四届国際学術大会－満洲文化与満洲学』高麗大学民族文化研究院での発表文　二〇一五年六月五日
CH'OI Jae-Mok, KIM Jeŏng-Gon「工藤武城の医学と皇道儒教に関する考察」『医史学』第二十四巻 通巻五十一号　二〇一五年十二月

著者紹介

金 珽実（きん ていじつ）

九州大学留学生センター所属／博士（比較社会文化）。専門は日本語教育・教育史・留学生史。主な業績は、『滿洲間島地域の朝鮮民族と日本語』（九州大学：比較社会文化叢書32）、単著、花書院2014.3；『滿洲及び朝鮮教育史－国際的なアプローチ－』共編著、花書院2016.3；「『學生寫眞帳』から見た九州帝國大學農學部の留學生」『九州大学留学生センター紀要』第23号、2015.3；「大学文書館所蔵資料から見た九州帝國大學法文學部の留學生」『韓国言語文化研究』第21号、2015.3；「九州帝國大學に學んだ留學生－工學部を中心に－」『九州大学留学生センター紀要』第24号、2016.3などがある。

満洲・間島における日本人
—満洲事変以前の日本語教育と関連して—

The Japanese in Kando: Japanese Language Education in Manchuria prior to Manchurian Incident

2017年3月21日　初版発行

著　者 —— 金 珽実（JIN Tingshi）
発行者 —— 仲西佳文
発行所 —— 有限会社 花 書 院
〒810－0012 福岡市中央区白金2－9－2
電　話（092）526－0287
ＦＡＸ（092）524－4411

振　替 —— 01750－6－35885
印刷・製本 — 城島印刷株式会社

ISBN978-4-86561-097-0 C3037